W0245528

Anny Wienbruch

Ein König
wird frei

Königin Christine,
die Tochter Gustav Adolfs,
und ihr Nachfolger
Karl X. von Schweden

SJD

Verlag der
St.-Johannis-Druckerei
C. Schweickhardt
Lahr-Dinglingen

Dieses Buch ist eine Veröffentlichung der
TELOS-Verlagsgruppe.
TELOS-Taschenbücher und TELOS-Paperback-Ausgaben
sind »zielbewußt«, wegweisend und biblisch orientiert.
TELOS-Bücher können Sie unbedenklich weitergeben,
sie wurden verantwortlich ausgewählt.

ISBN 3 501 01080 X

TELOS-Paperback Nr. 1080
Umschlagentwurf: Gerdl Rau
© 1975 by Verlag der St.-Johannis-Druckerei C. Schweickhardt
Lahr-Dinglingen (Baden)
Gesamtherstellung:
St.-Johannis-Druckerei C. Schweickhardt, 763 Lahr-Dinglingen
Printed in Germany   6237/1975

Inhalt

In einer Mittsommernacht

Die Nacht ist sehr still. Es ist, als wären selbst die Wellen des Mälarsees, des Meeresarmes drunten in der Tiefe, eingeschlafen. Aus den Ställen am Ende des Hofes schallt ab und zu ein Wiehern, ein Hufescharren, sehr verhalten, als träumten sogar die Pferde.

Dann und wann bewegt sich einer der schweren Vorhänge an den hohen Fenstern des alten Schlosses zu Stockholm. Es ist, als höbe ihn vorsichtig eine unsichtbare Hand. Der leichte Lufthauch trägt von der Stadt nicht die tagsüber gewohnten Gerüche hinauf, von Fischen, Teer, Tran und dem Unrat auf den Straßen. Er hat Blütenduft eingefangen, ungewohnten Blütenduft. Woher? Die Häuser da unten sind zum großen Teil mit Torf gedeckt, und darauf wachsen in dieser Jahresmitte bescheidene, aber zahlreiche Blumen.

Die Nacht ist sehr still. Aber sie ist nicht dunkel. Es blinkt zwar nicht ein einziger Stern tröstlich hernieder. Kein Mond übergießt Stadt, Land und Meer mit silbernem Schein.

Eine fahle Helligkeit schaut von draußen herein. Sie läßt die Schatten in den Winkeln der Tiefe des großen Raumes noch düsterer erscheinen. Aber der schwere Eichentisch in der Mitte steht in diesem seltsamen Licht, aus dem von Zeit zu Zeit lila Blitze wie Speerspitzen aufzucken und dann wieder zurückweichen. Fern am Horizont ruht die Sonne wie eine rote Feuerkugel auf dem Wasserspiegel und darf, kann nicht untergehen. Es ist die Zeit der Sommersonnenwende, die Zeit der hellen Nächte.

Der Mann, der beide Hände in seinem dichten Haar vergraben hat und den Kopf aufstützt, hält nichts von solch unwirklicher unsicherer Beleuchtung. Er ist für Wirklichkeit, Sicherheit. Vor ihm auf dem wuchtigen Tisch leuchtet eine Kerze. Doch ihr warmer, gelblicher Schein überwindet diese fahle, gespenstische Helligkeit nicht.

Es ist ein seltsamer Kampf zwischen beiden, dem Licht hier innen in der menschlichen Behausung, von Menschenhand entzündet, und dem Licht draußen in der Weite der Natur, dem unerklärlichen, geheimnisvollen, ja sogar unheimlichen. Sie harmonieren nicht zusammen, vereinen sich nicht, so wie – wie er, der grundehrliche Wirklichkeitsmensch und die Frau, die er seit Kindheitstagen kennt und die er doch nicht kennt, nie fassen wird. Am Fuß der Kerze auf der blanken Tischplatte liegt eine große Münze. Der Mann starrt unentwegt darauf. Einmal funkelt der eine Buchstabe, ein ganzes Wort in dem Kerzenlicht auf, dann wieder ein anderes. Es ist nicht nötig, daß der Mann die Inschrift entziffert. Der stille Betrachter kennt sie auswendig. Trotzdem wendet er seine Augen nicht davon ab. Seine vollen Lippen verziehen sich dabei zu einem Lächeln. Es ist kein frohes Lächeln. Ist es traurig, spöttisch? Oder gar voller Bitterkeit?

Er murmelt diese im Zwielicht gleißenden Worte der Inschrift mit einem wie im Schmerz verzogenen und auch zugleich trotzig aufbegehrenden Mund vor sich hin: »König Karl X. von Gottes und Christines Gnaden.«

Das Volk, unter die er diese Gedenkmünze verteilen ließ, hat Freude daran gehabt. Christine machten sie Spaß. Auch eine überaus kluge, überaus gelehrte Frau, die man in der großen Welt draußen die »Sibylle des Nordens« nennt, kann noch eitel wie eine Frau sein und ja auch ebenso unklug, unüberlegt, wie Christine bewiesen hat, als sie auf den Thron ihres großen Vaters, des Schwedenkönigs Gustav Adolf, verzichtete, die Krone der Wasa wegwarf, wie ein Kind ein Spielzeug wegwirft, sie ihrem Vetter Karl wie einen Ball zuwarf. Ja, sie hatte für diese blanken Taler, dieses »von Christines Gnaden«, ein Lächeln gehabt, von dem sogar die Gesandten fremder Länder an ihre Herren schrieben, daß dies Lächeln diese männlich herbe Frau, wenn sie es in seltenen Fällen anderen wie eine Gnade schenkt, sie derart verschönt, geradezu unerhört aufstrahlen läßt, daß man bereit wäre, alles, auch die größte Dummheit für sie zu tun. Hatte gerade er, dieser einsame Mann, der grübelnd die Mitsommernacht durchwacht, es nicht immer und immer bewiesen? Sein ganzes bisheriges Leben lang?

Und Christine lächelte über diese Taler mit der ihr schmeichelhaften Inschrift, die ihr recht gut in den Ohren klang, und sie gab diese Münzen lächelnd und mit vollen Händen aus in ihrer Verschwendungssucht, die sie, die geistvolle Frau, von der Frau mit dem Spatzengehirn, ihrer Mutter, geerbt hatte.

»Von Gottes und Christines Gnaden« wiederholt der junge König, der Nachfolger Christines, Karl X. Hat er sich mit dieser Inschrift nicht lächerlich gemacht, wie so oft, zum Narren Christines?

Er grübelt vor sich hin. »Von Gottes Gnaden!« Ja, so bezeichnen sich alle Fürsten dieser Erde. Ist es wirklich eine Gnade, König zu sein? Hat ihm Gott damit nicht eine schwere Last auf die Schultern gelegt? Gerade ihm, der das starke stolze Reich Gustav Adolfs nun ausgeblutet und verarmt übernehmen mußte, ausgeblutet und verarmt durch den furchtbaren Dreißigjährigen Krieg, verarmt auch durch Christines maßlose Verschwendung für Kunstwerke, Künstler, Gelehrte, Bücher, für Günstlinge wie Magnus de la Gardie, dessen ungeheure Schulden, die er in Paris als Gesandter von »Christines Gnaden« leichtsinnig gemacht hatte, sie ohne mit der Wimper zu zucken bezahlte, für andere, denen sie Krongut über Krongut unüberlegt schenkte. Dadurch hat sie Hunderte von schwedischen Bauern, die zuvor die freiesten Bauern der Welt waren, den adligen Herren dienstbar und steuerpflichtig gemacht, sie bis zu blutigen Unruhen getrieben, hat danach ungelesen die Todesurteile der Aufwiegler unterschrieben. Und das diesem stolzen Bauernstand, der einst unter dem Ahnherrn Gustav Wasa Schweden befreit und ihn zum König erhoben hatte!

Und das alles soll er, Karl X. Gustav, nun wieder, so gut wie noch möglich, zurechtbringen.

»Keiner eignet sich so gut zum König wie du«, hat ihm Christine die Zustimmung abgeschmeichelt. »Du bist grundehrlich, brav, aufrichtig, fromm, ruhig, rechtschaffen!« Oh, was hat sie ihm alles für gute Eigenschaften zugelegt und schließlich noch lächelnd zugefügt: »Und, liebes Karlchen, du bist klüger, als du aussiehst. Gerade der König, den die Herren hier brauchen.«

Ja, diese Herren brauchen einen König, der ihnen gewachsen ist, einen andern, als ihn Christine spöttisch beschrieben hat, und solch ein König wollte und mußte er werden. Er ballt die kräftige Hand zur Faust und schlägt damit auf den Tisch, daß die Kerze aufflakkert.

Er ist nicht nur ruhig, brav, rechtschaffen. Er ist ein befehlsgewohnter Offizier. Er weiß genau, was er will, und das wird er auch durchführen. War es nicht doch Gnade, König zu sein, den Unterdrückten zum Recht zu verhelfen, das Land zu neuem Wohlstand zu führen? Zu neuer Gottesfurcht nach den Worten der Heiligen Schrift, die ihm sein Vater früh eingeprägt hatte, als er in ihm den künftigen König sah und ihn auf dies schwere Amt vorbereitete: »Gerechtigkeit erhöhet ein Volk, aber die Sünde ist der Menschen Verderben.«

Ja, es war doch Gnade, König von Gottes Gnaden zu sein. Karl X. nimmt diese geläufige Bezeichnung ernst, sehr ernst, und wehe dem, der in seiner Gegenwart darüber zu spotten wagte.

Doch – von Christines Gnaden? Er kann es keinem verargen, wer darüber den Mund verzieht. Gewiß, sie ist, seit sie als Königin regieren durfte, zuweilen sehr gnädig gegen ihn gewesen. Es war, wie er seinem Lieblingshund einen Knochen hinwirft, wenn er ihn nicht mit hinaus zum Spaziergang nehmen kann. Hat doch Christines Günstling, sein ehemaliger Widersacher und jetziger Schwager, der Gatte seiner jüngsten Schwester, Magnus de la Gardie, gespottet: »Du bist wie Christines Hündchen, das brav zu ihren Füßen sitzt.«

Er hätte ihn darum zum Zweikampf fordern können, so wie es bei Adligen Brauch ist. Doch derart war er von seinem gottesfürchtigen Vater, dem Mann des Friedens, nicht erzogen worden. Und als Magnus später selber beleidigt worden war, man ihn als einen von Christine fallengelassenen Günstling gehöhnt hatte, da hatte er ihn von blutiger Auseinandersetzung bewahrt und abgeraten: »Du darfst deinen Beleidiger nicht fordern, lieber Schwager«, hatte er ihm zugeredet. »Selbst wenn Christine dich dazu aufstachelt, darfst du diesen Streit nicht mit dem Degen austragen. Das schickt sich nicht für uns. Wir sind keine unbesonnenen jungen Grünschnäbel mehr. Verhalte dich in dieser peinlichen Lage wie ein wahrer Christ, denn ein Mensch tut am besten daran, in dieser Welt stets zu versuchen, Herr über sich selbst zu bleiben, seine Leidenschaften zu beherrschen und mit Standhaftigkeit des Gemütes zu betrachten, was im Erfolg und Mißerfolg gottgefällig ist.«

Magnus de la Gardie war ihm gefolgt. Er hatte nicht über diesen der Königin Christine so untertänigen Karl gelächelt. Er hatte inzwischen erkannt, daß solche Mahnungen nicht von einem weichen, feigen Mann zeugten, daß Karl trotzdem ein Kämpfer sein und mit starker Hand regieren würde. Ja, sie waren beide älter geworden.

Ob ihm Magnus nun als dem König zur Seite stehen wird, wenn er auch nie die Fähigkeiten des alten Staatsmannes Oxenstierna erreichen wird, des ehemaligen Vormunds Christines, des Vertrauten Gustav Adolfs und Widersachers von Karls Vater? Karl muß versuchen, ohne solchen erfahrenen, aber auch machthungrigen Kanzler fertig zu werden, und er wird es.

Christine hat dem großen Oxenstierna zu trotzen gewagt. Sie hat es gegen seinen Willen durchgesetzt und gegen den Willen des schwedischen Adels, daß Karl ihr Nachfolger wurde. Konnte er darum als »König von Christines Gnaden« bezeichnet werden? Hatte er nicht ein Recht auf die Krone, die in Schweden erblich ist? Hat er nicht genausogut wie Christine Wasa-Blut in sich, sie von Vaters Seite, er von seiner Mutter her, die Gustav Adolfs Schwester gewesen war? Und wenn ihn auch der Adel – weil er ihn im geheimen fürchtet – als Deutschen ablehnt! Christines Mutter ist auch von deutscher Herkunft. Diese Marie Eleonore hat nichts von der Weisheit, der Klugheit des Vaters Karls X., sondern sie ist eine Frau, die man, wenn man ihre Überspanntheiten, Verworrenheiten, landesverräterischen Umtriebe gelinde bezeichnen will, als Gemütskranke entschuldigen muß.

Wieder ballt der einsame Mann die Hand zur Faust. Die Krone Schwedens steht ihm zu Recht zu. Er ist nicht nur König von Christines Gnaden, sondern nur von Gottes Gnaden.

Und dennoch – die geballte Hand öffnet sich, liegt flach auf der Tischplatte. Um frei zu werden, um herrschen zu können, darf er sich nicht mehr – wenn auch nur aus der Ferne – von Christine beherrschen lassen, er muß frei werden von Christine.

»Christine«, murmelt Karl X., König von Schweden, vor sich hin, »Christine«. Die Nacht ist sehr still. Es kommt kein Widerhall, keine Antwort zu ihm. Da ruft er lauter, und es ist ein Gebet, das gen Himmel steigt: »Herr, erlöse mich von dem Bösen, mache mich frei von Christine!«

Ein Abschied für alle Zeit

Karl X. springt von dem Stuhl auf, auf dem er eine der hellen Nächte durchwacht hatte. Auch die Sonne war aufgestanden, sie hatte sich von ihrem Bett auf dem Meeresspiegel erhoben, auf dem sie als flammendrote Kugel geruht hatte. Nun steht sie hoch am blauen Himmel an einem strahlend schönen Junimorgen.

Karl Gustav wußte, daß Christine, die abgedankte Königin, heute Schweden verlassen wollte. Ihr riesiger pompöser Hofstaat war schon zum großen Teil mit all den Kutschen vorübergefahren und Wagen mit ihnen, die so voll gepackt mit Kunstschätzen, Geldfässern, Kostbarkeiten, Schätzen waren, die Christine aus dem arm gewordenen Land mit sich nahm, daß sie unter der Last schwankten und daß nicht nur der schwedische Adel, sondern auch das Volk murrte.

Doch der neue König hatte die Hand darüber gehalten. Er hatte auch gegen das harte, empörte Nein der Reichsräte nach langen Verhandlungen ihre hohen Forderungen durchgesetzt und sich damit der Gefahr ausgesetzt, sich sogleich unbeliebt zu machen. Sie erhielt eine jährliche Apanage (Zuwendung) von zweihunderttausend Talern, die Einkünfte großer Gebiete des Reiches und die Gerichtsbarkeit über all ihre Diener, die sie begleiteten. Es war viel, sehr viel für ein armes Land. Christine würde die harten Taler ihrer Apanage sowie die Abgaben der ihr zugewiesenen Gebiete bald gedankenlos verschleudern und sie auch noch zur weiteren Empörung des Adels wie der Bürger und Bauern im Ausland, im katholischen Ausland, ausgeben.

Sie selber hatte ihrem Nachfolger dafür nur freundlich, herablassend zugenickt und gelobt: »Endlich hast du dich einmal durchgesetzt, lieber Vetter Karl Gustav! Aber nicht mir gegenüber. Mir bleibst du treu ergeben.«

War es recht, daß er ihr diese Zugeständnisse gemacht hatte, recht diesem Volke gegenüber? War er immer noch Christines Diener, nein, ihr Leibeigener? Aber er wollte doch frei, frei von ihr werden. Doch wie er sich jetzt daran erinnerte, wie sie im großen Saal des alten Schlosses zu Uppsala vor dem Reichsrat die Königskrone niederlegte, wie sie mit klarer Stimme verkündete: »An meiner Stelle wird die Königsmacht übernehmen Karl Gustav, Fürst von Wasa und Pfalz-Zweibrücken und von Schweden.« Wie er selber, ganz in Schwarz gekleidet, vorlas, was man ihr alles großherzig an Einkünften, Freiheiten zubilligte, und wenn er dann dieses ergreifende Schauspiel vor sich sah, wie die Würdenträger ihr unter erschütterndem Schweigen der ganzen Volksmenge Krönungsmantel, Zepter und Reichsapfel abnahmen, aber keiner es wagte, an ihre Krone zu rühren, und Christine sie sich selber vom Kopf nahm. Und das Schwerste: wie sie da stand, aller Majestät entkleidet, im schlichten weißen Kleid, sehr zart, hilflos, einsam wie ein verwirrtes, verirrtes Kind.

Nein, er konnte nicht anders, als er daran zurückdachte. Er polterte mit seinen derben Soldatenstiefeln die Treppen hinab, rief über den Hof nach seinem Reitknecht, seinem Adjutanten, den Pferden.

Er wußte wie nur wenige, daß sie nicht mit einem einer Königin würdigen Gefolge dem prunkenden Wagenzug gegen Süden nachreiste. Sie ritt mit nur geringer Begleitung der Küste Dänemarks zu. Natürlich in Männerkleidung, mit abgeschnittenen Haaren. Es sträubte, entsetzte sich alles in Karl, wenn er daran dachte. Sie, die ehemalige Königin des Reiches Schweden, die Tochter Gustav Adolfs, vagabundierte in Männerkleidern durch das Land des Erbfeindes, des Dänen, der über ihr Volk so viel Not, Leid und Blutvergießen gebracht hatte. Nun war sie nicht mehr Königin, sie war nur noch Frau, ein schutzloses junges Mädchen. Er mußte sie einholen, zurückholen. Wenn er aus seinem guten Pferd das Beste herauszwang, erreichte er sie noch, bevor sie ihm in Dänemark entschwunden.

Und er schaffte es. Er war ein guter, ein geradezu tollkühner Reiter. Nicht umsonst hatte er von Kind an Christine begleitet.

Es war am Abend des zweiten Tages, als er sie dicht vor sich erblickte. Ein Dunstschleier umhüllte sie und ihre drei Begleiter, die ihr folgten. Das machte diese Begegnung, die letzte Begegnung so traumhaft, so unwirklich.

Sie hielt gelassen ihr Pferd an, als sie das Roßgetrappel hinter sich hörte. Ohne Überraschung wandte sie sich um. »Gewiß eine letzte Botschaft Karls«, meinte sie.

»Es ist seine Majestät selbst«, sagte der einzige Offizier ihres Gefolges.

»Ach Karlchen«, rief sie dem Vetter entgegen, »wir hatten uns doch schon verabschiedet.«

»Ich wollte dich nicht allein lassen, Christine. Ich begleite dich«, erklärte er schlicht.

»Das ist wirklich rührend«, lobte sie, »aber bald sind wir drüben in Dänemark. Du darfst dänischen Boden als schwedischer König nicht so einfach betreten. Kehr um, Karlchen!«

Er achtete nicht auf ihren Spott. Er trieb sein Pferd dicht neben das ihre.

»Ich muß noch einmal mit dir reden«, sagte er mit gedämpfter Stimme, die warm und sanft zu ihr herübertönte. »Ich verstehe dich jetzt, es war zu schwer für dich, Königin zu sein, ein großes Reich zu regieren und zugleich als Gattin und Mutter deine Pflicht zu tun. Jetzt bist du nicht mehr Königin. Jetzt bist du nur Frau, und ich will dir alle Lasten abnehmen. Ich will Schweden, so gut ich nur kann, alles geben, was es braucht. Und — — ich will dir zum letzten Mal die Frage stellen: Willst du jetzt meine Frau werden, mir helfen ein guter König zu sein?«

Christine lachte. Aber nicht mehr spöttisch, sondern ihr schönes dunkles Lachen.

Sie strich leicht über des jungen Mannes Wange und antwortete mit ihrer herben Stimme zärtlich: »Das wirst du ohne mich noch besser, Lieber. Und die hübsche blonde Hedwig Eleonore von Holstein-Gottorp, die ich dir selber zur Gemahlin bestimmt habe, wird dir eine bessere Gattin sein und artigere Kinder großziehen als ich unordentliche, ungebärdige, leichtsinnige, die mir nachgeraten. Was nützt es dir, wenn ich acht Sprachen beherrsche und mit tintenbefleckten Händen keinen Haushalt leiten kann? Wenn demnächst die junge Braut einzieht, wird das Volk jubeln und Christine vergessen sein.«

»Wenn ich dich nur vergessen könnte. Ich will dich, ich liebe dich und nicht diese Fremde, die ich noch nie gesehen habe!« begehrte er auf.

Sie berührte noch einmal tröstend seine Stirn. »Du mein ewiger Freier«, sagte sie sanft. »Ich danke dir. Wir sind nahe beim Hafen von Hälsingborg. Drüben in Dänemark blinken die Lichter von Helsingör. In wenig Zeit sind wir über den schmalen Öresund hinüber. Das Fährschiff, das ich bestellt habe, wartet schon.

Ich danke für das ehrende Geleit, das Eure Majestät mir zu geben geruhten.« Sie machte eine kleine scherzhafte Verneigung.

Er griff nach ihrer Rechten, führte sie an den Mund.

Sie entzog sie rasch. »Nochmals Dank für alles«, sagte sie leise. »Leb wohl, Lieber, Treuer.«

Sie sprengte zum Meeresufer hin. Ihre drei Begleiter folgten ihr. Der junge König verharrte regungslos und blickte ihr nach.

Und dann zuckte er zusammen. Er sah in der fahlen Mitsommernacht, wie Christine hochaufgerichtet auf der Fähre stand, ihr Pferd am Zaume hielt, wie sie plötzlich den Hut mit der Feder, wie sie ihn beim Reiten zu tragen pflegte, abriß, beide Arme in die Luft warf, ausgelassen wie ein Kind, und laut jubelte: »Frei, endlich frei! Gott sei Dank! Frei!«

Karl starrte schweigend zu ihr hinüber, bis sie in Nebelschleiern entschwand. Dann aber wandte er sein Pferd, und auch er rief, nicht jubelnd, nein, wie ein Stöhnen klang es: »Herr Gott, mache mich auch frei, frei von Christine!«

Der Rat des alten Reichskanzlers

Der junge König reitet durch das sommerliche Land. Er tut es auf Anraten des alten Oxenstierna. Sein Schwager Magnus de la Gardie, der schon längst nicht mehr der Leichtfuß ist wie einst in Paris, den er sich insgeheim schon zu seinem Reichskanzler ausersehen hat, ist darüber erstaunt, daß Karl X. sich ausgerechnet bei Oxenstierna Weisungen geholt hat.

Gewiß, es muß jeder zugeben, daß der alte Mann ein großer, weiser alter Mann ist, daß er als ein überaus fähiger Staatsmann in ganz Europa angesehen wurde. Er war Gustav Adolfs Berater, Vertrauter. Er hat nach dieses Königs Tod als Christines Vormund das überaus kluge Mädchen schon im Kindesalter in die Staatskunst eingewiesen.

Doch sie hat ihm den ehrfurchtsvollen Respekt nicht lange bewahrt. Harte Worte hat sie ihm an den Kopf geworfen, daß er den Frieden, der den grauenhaften Dreißigjährigen Krieg beenden sollte, aus Machthunger hinauszögerte und nicht bloß aus Machthunger für das schwedische Reich, sondern für sich selbst, für die ganze Sippe Oxenstierna, deren Mitglieder er allenthalben in den höchsten Stellen untergebracht hatte, die sie als unerfahrene Anfängerin zu Beginn ihrer Regierung mit Ehren und Ämtern sowie Krongütern überhäufen mußte.

Er war ihr die Antwort nicht schuldig geblieben, hatte ihr vorgeworfen, wie auch Krongüter ihren Günstlingen von ihr überantwortet wurden. Wie ein kleines Kind hat sie sich von ihm und von dem Reichsrat wegen Magnus de la Gardies Pariser Schulden ausschelten lassen müssen, wie eine Diebin, weil sie die Kunstschätze des Prager Schlosses, die ihr Vater vor Plünderungen hatte bewachen lassen, sich angeeignet hatte.

So war der greise Reichskanzler bei der jungen Königin immer mehr in Ungnade gefallen, und dann war es doch ergreifend gewesen, wie der weißhaarige Mann vor ihr bei ihrer Abdankung stand. Es wäre an ihm, dem Kanzler, gewesen, der Königin die Krone abzunehmen. Doch er schüttelte den Kopf und sagte mit fester Stimme:

»Vor zweiundzwanzig Jahren habe ich meinem König Gustav Adolf in die Hand geschworen, seiner Tochter Christine Thron und Krone zu bewahren. Diesen Schwur breche ich nicht.«

Totenstill war es im Saal gewesen, und dann war ein Seufzen, ein Schluchzen durch den Saal gegangen.

Karl Gustav, der unterhalb des Thrones gestanden hatte, sah vor sich die müden Greisen-Augen des alten Kanzlers, die sich bald für immer schließen würden. Dieser Anblick griff ihm, dem Kriegsmann, ans Herz. Welche Tragik lag über diesem gebeugten Haupt, das sich einst so stolz erhoben hatte. War nicht ein Lebenswerk in dieser Stunde zerstört worden?

Alles, was Oxenstierna unternommen hatte, den deutschen Pfalzgrafen Karl Gustav nicht als König von Schweden anerkennen zu müssen, alle jahre-, jahrzehntelange Feindseligkeit, womit er Karls Vater schließlich veranlaßt hatte, sich verbittert vom Stockholmer Hof zurückzuziehen, will Karl endgültig auslöschen. Er will nur noch die Größe und den Schmerz dieses Mannes würdigen, der vor den Toren der Ewigkeit steht, die sich Karls Vater bereits vor zwei Jahren geöffnet haben.

Magnus hat sich über seines königlichen Schwagers Entschluß gewundert. Karl selber aber weiß, daß sein wahrhaft frommer Vater es gutheißen würde, daß er sehr höflich und ehrerbietig den alten Reichskanzler zu sich bitten ließ und nun alle Bitternis oder gar Haß auslöscht.

In dem karg ausgestatteten Arbeitszimmer Gustav Adolfs wartet er sein. Hier hatten sich vor wenigen Tagen noch Christines Bücher aufgehäuft, die sie jetzt mitgenommen hatte. Da geht es ihm noch einmal durch den Sinn – zum letztenmal, entschließt er sich –, wie sich die beiden – Oxenstierna und sein Vater, der Pfalzgraf Johann Casimir und Schwager Gustav Adolfs – befehdet haben. Den letzten Kampf hatten sie gegeneinander geführt, als Johann Casimir nach Gustav Adolfs Tod die Anerkennung der Rechte seiner Familie auf den schwedischen Thron und die Bestätigung des Besitzes von Stegeborg, das zum Brautschatz seiner Frau gehörte, verlangte. Beides hatte Oxenstierna hintertrieben, beides hatte Christine durchgesetzt.

Christine! Christine! Immer Christine!

Karl wischt sich mit seiner kräftigen Reiter- und Kriegerhand über die Stirn, als verscheuche er lästige Mücken. Er will nicht mehr an Christine denken. Sie soll sich nicht mehr in sein Leben mischen. Er will frei von ihr sein, sein eigenes, ihm und seiner Art gemäßes Leben führen.

Auch in Oxenstiernas Handeln, auch in seine geschickte staatsmännische Arbeit hat sie sich immer wieder störend und zerstörend eingemischt. Als ganz junge Regentin hat sie es ertrotzt, daß der fähige, erfahrene Diplomat Grotius, der mit Umsicht und Fingerspitzengefühl die schwierigen Pflichten am Pariser Hof wahrgenommen hatte, durch den damals noch so unmündigen, leichtfertigen Knaben Magnus de la Gardie abgelöst wurde.

Trotz der Ermahnungen Oxenstiernas hat sie Unsummen für Manuskripte in hebräischer und arabischer Sprache ausgegeben, allein 40 Tausend harte Goldstücke für eine einzige Handschriftensammlung. Sie hat trotz all seiner Vorhaltungen die Kunstschätze, die ihr Vater selbstlos für ihre Besitzer bewachen ließ, aus den eroberten Ländern fortführen lassen, hat geplündert wie die Landsknechte, die ihr Vater dafür hängen ließ. Sie hat bei den Friedensverhandlungen, die den Dreißigjährigen Krieg endlich beschließen sollten, Oxenstiernas eigenen Sohn Johann als Unterhändler Schwedens von dem erst von Gustav Adolf geadelten Salvius ablösen lassen.

Da – schon wieder Christine! Warum taucht sie immer wieder vor ihm auf? Kann er ihren Namen, ihr Andenken nicht völlig auslöschen?

Ob Oxenstierna das kann? Er hat es bewiesen, daß er sie immer noch liebt, als er sich weigerte, ihr die Krone vom Haupt zu nehmen.

Wie hart muß es nun für ihn sein, Karl, den Pfälzer, den Sohn des gehaßten Johann Casimir, als König vor sich, über sich zu sehen. Er wird sich ebenso wie Magnus gewundert haben, daß Karl ihn gleich nach seinem Regierungsantritt zu sich bitten ließ.

Vielleicht hat er die Bitte als einen Befehl aufgefaßt. Vielleicht widerstrebt es ihm, diesen von ihm abgelehnten Nachfolger Gustav Adolfs in dessen ihm so vertrauten Arbeitszimmer gegenüber zu haben. Vielleicht nimmt er an, der neue König wollte mit ihm abrechnen um all das, was er seinem Vater angetan hat. Oh, es hat schon viel Haß, Streit, sogar Kerkerhaft und Mord im Hause Wasa unter den Söhnen des großen ersten Gustav Wasa gegeben. Der Wasa-Zorn, der so jäh auflodert, ist bekannt und gefürchtet. Auch Karl hat Wasa-Blut in seinen Adern.

Es klopft. Karl Gustav fährt aus seinen Gedanken auf.

Oxenstierna tritt ein. Nichts von Furcht, nichts von Unsicherheit, Verwunderung ist dem alten Reichskanzler anzumerken. Er beugt seinen leicht gebeugten Rücken noch tiefer, blickt den jungen Mann mit seinen verblaßten blauen Augen ruhig an und fragt gleichmütig: »Was befehlen Eure Majestät?«

Karl Gustav verzieht bitter den Mund. Zum erstenmal habe ich auch etwas zu befehlen, bisher wurde mir nur befohlen von Christine.

Oh, diese Christine!

Doch dies ist ihm nur in Sekundenschnelle durch den Sinn geflogen. Er faßt sich rasch, streckt dem alten Mann die Hand hin, ergreift die seine. Wie kühl und kraftlos ist diese Rechte, die einst so energisch regiert hat!

»Ich befehle Euch gar nichts«, sagt er. »Wie könnte ich Euch, dem alten Reichskanzler, befehlen!« Er schiebt Oxenstierna beflissen einen Sessel zu.

Der Greis setzt sich dem jungen König gegenüber. Er kräuselt seine schmal gewordenen Lippen. »Majestät, Eure Base, die Königin Christine, hat mir befohlen, obwohl ich ihr Vormund war und sie väterlich unterwiesen hatte. Als sie einmal in einem ihrer jähen Wutanfälle tobte und ich sie schweigend verlassen wollte, schrie sie mich an: ›Ich habe Euch zu befehlen, wann Ihr gehen sollt, ich bin die Königin, und ich befehle Euch zu bleiben.‹«

Karl antwortet leise: »Mir hat sie in einem ähnlichen wilden Wasa-Zorn geboten: ›Du hast mich zu lieben, ich befehle es dir!‹ Als wenn ich ihr nicht oft genug versicherte, daß ich sie liebte. Ja, ich liebte sie wirklich, und –«, fügt er mit gesenktem Kopf hinzu, »ich liebe sie noch, und will doch frei werden von dieser Liebe. Euch bitte ich, fern liegt mir, Euch zu befehlen: helft mir.«

Oxenstierna blickt ihn unter seinen buschigen weißen Brauen spöttisch an. »Ist das im Sinn Eures Vaters, Majestät?« fragt er.

»Wenn mein Vater nicht vor zwei Jahren von Gott dem Herrn in die Ewigkeit abgerufen und im Dom von Strängnäs beigesetzt worden wäre, bäte ich gewiß ihn um seinen Rat«, erwidert Karl freimütig. »Doch in der Ewigkeit erhalten alle irdischen Dinge ein anderes Angesicht. Er würde mir jetzt beistimmen, daß ich mich an Euch wende. Er hat stets Eure Klugheit, Eure Fähigkeiten als Staatsmann anerkannt.«

Oxenstierna schaut den ehrlichen jungen Mann, der ihn so offen anblickt, freundlicher, gütiger an. »Und wenn ich es auch wollte, Majestät, ich könnte Euch nicht mehr als Reichskanzler dienen«, erwidert er mit müder Stimme. »Ich weiß, daß ich noch in diesem Jahr Eurem Vater nachfolgen werde. Meine Arbeit auf Erden ist getan. Ich gehe den Weg alles Fleisches. Ich sinke wie ein Schnitter neben seiner letzten Garbe zu Boden. Es steht in der Heiligen Schrift: ›Sie kommen mit Freuden und bringen ihre Garben.‹ Kann ich mit Freuden vor meinen Herrn treten und meine Garbe darreichen? Ist nicht Stroh daraus geworden?« Der Alte seufzt, schaut zum Fenster, hinter dem der blaue Junitag steht, als blicke er in weite Ferne.

Der Junge schweigt ehrfürchtig. Doch dann bittet er bescheiden, fast demütig: »Wenigstens einen letzten Rat, eine Hilfe gebt mir, ich bitte Euch. Auch ich bin wie die meisten Kinder in Schweden gut in der Heiligen Schrift unterwiesen worden. Steht darin nicht, wie der König Salomo zu Beginn seiner Regierung gebetet hat: ›Ich bin noch jung, weiß weder aus noch ein.‹ So ergeht es mir auch.«

»Salomo hat den Allerhöchsten um Hilfe angefleht«, sagt der Greis langsam. »Und er bittet um ein gehorsames Herz, daß er sein Volk richten kann und wissen, was gut und böse ist. Wendet Euch gleichfalls an den König aller Könige. Er wird Eure Majestät – wie allen seinen Menschenkindern – den rechten Weg weisen.«

»Hat er auch Christine den rechten Weg gewiesen?« stößt Karl hervor.

»Wenn uns Gott der Herr den Weg weist, so ist es an uns, ob wir ihn gehen wollen oder nicht«, erwidert der alte Mann. »Christine hat es so wenig wie Euch an christlicher Unterweisung gefehlt. Sie hatte den vortrefflichen Pfarrer Johann Mathiae als Lehrer. Doch schon als Achtjährige hat sie ihm zu seinem Entsetzen befohlen, sie wolle mehr Mathematik lernen und weniger Religion. Sie glaube nur, was man beweisen könnte. Sie hat sich aus dem Gesangbuch die gottwohlgefälligen Chorale und Psalmen herausgerissen und sich heidnische Verse, soviel ich erkunden konnte Gedichte des Römers Vergil, hineinheften lassen. Die hat sie während des Gottesdienstes gelesen. Ich wußte es, ja, aber ich konnte es nicht hindern. Sie glaubt nicht, was unsere Kirche lehrt.«

»Sie will katholisch werden«, sagt Karl zögernd. »So wird sie die katholische Lehre als die rechte annehmen.« Oxenstierna lacht heiser auf. »Sie hat sich in diese Gebetbücher Ähnliches einbinden lassen, das hat man mir gleichfalls zugetragen«, murrt er. »Sie liebt nur die Schönheit, den Prunk der katholischen Gottesdienste, der katholischen Kirchen. Sie liebt den blauen Himmel, die Kunstwerke Roms. Und vor allem: sie will frei sein, frei!«

»Ich möchte auch frei sein, frei«, bricht es aus dem jungen König heraus.

Oxenstierna stützt sich auf die Sessellehnen, richtet sich auf. »Ihr wollt auch abdanken, Majestät?« fragt er bestürzt.

»Nein«, bekennt Karl, »ich will frei werden von Christine. Helft mir dazu!«

Der Greis starrt ihn an.

»Bin ich von Christine frei?« sagt er leise. »Doch einen Rat will ich geben, Majestät«, fügt er sanfter, väterlich beinahe hinzu.

»Es ist die Zeit der hellen Nächte. Das ist nicht die Zeit zum strengen Regieren, zum Erlassen von Gesetzen. Verlaßt das düstre kalte Schloß hier! Reitet durch das Land, Euer Land! Der große Gustav Adolf hat es, bevor er in den Krieg zog und Schweden verließ, gerne getan. Ich durfte ihn häufig begleiten und« – ein Schatten fliegt über das alte Gesicht – »der Vater Eurer Majestät. Die Zeit der hellen Nächte ist die rechte Zeit dafür. Wie ein Rausch überkommt es dann das ganze Volk, das wißt Ihr, Majestät. Sie lärmen, jubeln, tanzen, musizieren, singen. Die Freude würde doppelt groß, wenn sie ihren

König gewahrten, wenn er hier und da in den Edelsitzen und vor allem in den Bauernhöfen einkehrte. Sie lieben dann ihren König um so mehr.«

»Christine ritt auch oft über Land«, wirft Karl ein, »zu jeder Jahreszeit, im strengsten Winter. Ich begleitete sie zumeist.«

»Aber jetzt sollten Eure Majestät sich nicht als nebensächlicher Begleiter, sondern als der König zeigen«, rät Oxenstierna. »Das Volk soll seinen neuen Herrn liebenlernen.«

»Haben Christines wilde Ritte in Manneskleidern die Liebe des Volkes geweckt?« fragt Karl zweifelnd.

Oxenstierna wiegt den weißhaarigen Kopf. »Diese Ritte durch den Sturm, den Schnee, die Nacht wohl kaum«, erwidert er. »Aber das Volk liebte sie schon als kleines Mädchen. Haben Eure Majestät nicht das Schluchzen gehört, die Tränen in aller Männer Augen gesehen, als sie im Krönungssaal zu Uppsala abdankte? Sie war mit daran schuld, daß die Bauern Schwedens, die bisher freiesten Europas, von den Herren, die als Offiziere in Deutschland die Behandlung der deutschen Bauern gesehen hatten, gleichfalls in Unfreiheit gepreßt, ausgenützt wurden. Sie hat reichlich Güter, die der Krone gehörten, verschenkt, verkauft, um ihre Schulden zu bezahlen, und dadurch die Bauern, die bisher unter königlicher Gerichtsbarkeit standen, unter die der neuen Besitzer geliefert. Sie darf nicht mich allein dafür verantwortlich machen. Trotzdem sind die Bauern bis zu der damals noch minderjährigen Christine vorgedrungen und haben sie um ihre Hilfe gebeten. Sie hat versprochen, versprochen Jahr um Jahr und dabei die Todesurteile unterschrieben, welche die Anführer der Rebellen trafen, und hat nicht geholfen. Es war zwar auch nicht so leicht. Geschenkte, verkaufte Güter müssen mit einem Sack voll Taler zurückerworben werden. Und sie gab ja mehr, als sie besaß, für ihre Bücher, Kunstwerke, Liebhabereien und Liebhaber aus. Wie konnte sie da noch Geld für die Bauern haben? Und trotzdem haben die Bauern mich darum gehaßt, verflucht – mit Recht gebe ich heute am Ende meines Lebens zu. Und Christine wurde von ihnen geliebt.«

»Ja, Christine wurde geliebt, nicht nur von den Bauern, dem Volk!« stimmt Karl bei, und dann schreit er zornig auf: »Und ich will frei werden von dieser Liebe zu Christine, frei von Christine! Ich bin ihr heimlich nachgeritten, als sie abgedankt hatte, und habe sie noch einmal, das letztemal gebeten, meine Frau zu werden. Sie hat abgelehnt. Sie will frei sein. Helft mir!«

Der Greis starrt vor sich hin, dann lächelt er das feine, überlegene und ein wenig spöttische Lächeln des gewitzten Diplomaten.

»Christine wird katholisch«, sagt er dann langsam. »Somit könnte sie sowieso nicht Königin im protestantischen Schweden werden, auch nicht als Gemahlin des schwedischen Königs. Wie ich einmal so nebenbei im Ausland erfuhr, muß jeder, der zum katholischen Glauben übertritt, zuvor eine Generalbeichte ablegen. Das bedeutet, sie müssen all ihre Sünden von Kindesbeinen an bekennen, ihr Gewissen gründlich erforschen. Es geht mich nichts an, wie Christine damit fertig wird.

Nun, nach dieser Generalbeichte erteilt ihnen der Priester die Absolution. Das heißt, er spricht sie frei. Sie sind frei. Frei! Haben Eure Majestät verstanden?«

»Nein«, erwidert Karl verblüfft, »ich werde nicht katholisch und wüßte nicht, was ich und wem ich beichten sollte.«

Nun lächelt der Oxenstierna ganz und gar väterlich. »Ich bin nicht Eurer Majestät Beichtvater, würde es mir auch nicht anmaßen«, erwidert er. »Aber ich habe in meinem langen und erfüllten Leben erfahren, daß man all das, was einen tief bewegt, nicht zur Ruhe kommen läßt, nicht einfach verdrängen, in die tiefsten Tiefen seiner Seele hinabstoßen soll. Das hilft nicht, glauben Sie es mir altem Mann! Es kommt immer wieder empor, wie es – wie man erzählt – mit einer Hexe sein soll, die man ins Wasser wirft. Man muß sich all dies Erleben von Anfang an wieder ins Gedächtnis zurückrufen.

Dann, ja dann wird man frei davon. Dann weicht der Bann. Reitet, Majestät, reitet durch das weite schwedische Land, nicht nur unter das fröhliche, feiernde Volk, sondern durch die tiefen Wälder, an den tosenden Strömen entlang, wo Euch kein Mensch begegnet. Reitet, nicht um zu vergessen, sondern um zurückzurufen in Euer Gedächtnis und dadurch frei zu werden!«

Er erhebt sich mühsam aus seinem Sessel.

Karl springt hinzu, um ihn zu stützen. »Ob es hilft?« murmelt er dabei mehr für sich selbst.

Die müden Greisenaugen blicken zu ihm auf. »Ich habe in den letzten Monaten, da ich weiß, daß mein Ende naht und ich mich darauf vorbereiten muß, vor dem höchsten Richter zu stehen, auch noch einmal mein Leben an mir vorüberziehen lassen«, sagt der Greis ernst. »Ich habe auch mehr in der Heiligen Schrift gelesen als je zuvor. Dabei bin ich auf ein Wort gestoßen, das ich Eurer Majestät auf Euren Ritt weitergeben will: ›So euch nun der Sohn frei macht, so seid ihr recht frei!‹«

Karl ruft mit der kleinen silbernen Schelle den Adjutanten herbei, der Oxenstierna ehrerbietig hinausgeleitet.

Der König blickt ihm nach. »So euch der Sohn frei macht —« wiederholt er. »Ja, Herr, mach mich frei!« fügt er hinzu.

Und dann befiehlt er sein Roß, nur wenige als Gefolge. Der junge König reitet durch das sommerliche Land.

Der Ritt des Königs

Der junge König reitet durch sein Land. Er reitet nicht mehr als Begleiter seiner Base, der Königin Christine, so wie er und die andern es seit Jahren gewohnt waren. Nicht als eine Art demütiger Diener, der ihren Befehlen gehorsam war und die Macht ihrer Majestät erst recht beweisen, festigen, den bedeutungsvollen Hintergrund geben sollte.

Nun ist er selber der Herr und Regent. Er bietet fürwahr das Bild eines Königs. Wohl ist er nicht die überragende Erscheinung, strahlt nicht den Glanz, die Helligkeit seines Oheims, des großen Gustav Adolf, aus. Doch er kann sich mit seiner kraftvollen, gewandten Reitergestalt wohl sehen lassen. Sein wettergebräuntes Kriegergesicht läßt erkennen, daß er weiß, was er will, seine Hände, daß sie fest zupacken und nicht nur sein Pferd regieren können. Doch in seinen Augen leuchtet Güte, Rechtschaffenheit.

Er ist kein aufgeputztes parfümiertes Herrchen, wie sie am Hof des französischen Herrschers mit bemalten Fächern aus Schwanenhaut und vergoldeten kostbaren Schnupftabakdosen, gelockten Perükken einherstolzieren. Doch seine Art wird besser zu diesem Volk des rauhen Nordens passen. Er soll sich ihm als sein neuer König zeigen, hat ihm der alte erfahrene Reichskanzler geraten. Die Zeit der hellen Nächte paßt am besten dazu. Da jubeln, singen, tanzen, lachen auch die Geringsten und vergessen ihre Armut, ihre Not.

Da jauchzen die Fiedeln, die trotz der harten Arbeitshände fast jeder Bauer zu spielen versteht. Da leuchten die vielfarbigen Kleider der Frauen, da leuchten die weißen Birkenstämme, und da leuchten die frisch gestrichenen roten Bauernhäuser, in deren Höfen an langen Tischen die angebotenen Bärenschinken, Ochsenbraten, Brote, Kuchen und andere Genüsse von dem gastfreien Besitzer zeugen.

Karl zeigt sich mitten unter dem Volk. Er schwingt sich immer wieder vom Pferd, labt sich an Brot, Fleisch, Trank, stellt sich mit in den Reigen als einer der Ihren und singt mit seiner kräftigen Stimme die ihm von Kind an vertrauten Volkslieder mit. Christine würde sich bei seinem rauhen Gesang die Ohren zuhalten. Oh, denkt er schon wieder an Christine!

Sie hat sich nie wie er zu dem einfachen Volk herabgelassen. Sie hat spöttisch auf Tanz und Spiel herabgesehen und sich nicht daran beteiligt. Und hat sie bei ihrer Krönung dem Volk während der Fahrt zum Dom zugewinkt, hat ihm von den Stufen des Gotteshauses herab ein strahlendes Lächeln geschenkt, so daß die Menge in lauten Jubel ausgebrochen ist, so hat sie danach zu ihrem Vetter geflüstert: »So, Karlchen, das Theater hätten wir überstanden.«

Sie hätte die Nase gerümpft, wenn sie ihn schmausend am Tisch der Bauern und Bergleute gesehen hätte. Sie selber machte sich sowieso nichts aus derartigen Genüssen. Schon als Kind verabscheute sie das Zuckerwerk, die süßen Weine, die ihr die Mutter in der kurzen Zeit, die sie mit ihr zusammen war, aufzwang. Sie schlang, während sie las oder schrieb, irgend etwas in sich hinein, meist Haferbrei und trockenes Brot.

Würde sie ihn nun verachten, wenn sie ihn hier mit sichtlichem Behagen mit Bauern und Bergleuten essen sähe, wenn sie ihn singen hörte?

Vergibt er sich damit etwas? Ist es unter der Würde eines Königs? Darf er ihr dann nicht dagegen halten, daß sie alle Kinder des großen Königs sind? Und wenn sie ihm spottend vorhalten würde, daß er sich nun nur so aufführte, um das Volk für sich zu gewinnen, daß er sich zum Narren für dies gewöhnliche Volk machte, zum Hampelmann? So wie er ihr, Christines, Narr und Hampelmann gewesen wäre! Das läge ihm anscheinend, wäre ihm von ihr, der Herrschenden, beigebracht worden. Oh, dann würde er aufbrausen, würde ihr entgegnen, daß er wohl das Volk für sich gewinnen wollte, jedoch nicht aus eiskalter Berechnung, wie man es ihr zutrauen könnte, sondern weil er es wahrhaft liebt und ihm ein guter König sein will.

Der Bauer Lars Larsen, mit dem er gerade zu Tisch sitzt und den er damit erfreut hat, daß er mit seinen kräftigen Zähnen so herzhaft in die Hammelkeule gebissen hat, fragt ihn bestürzt: »Was stößt Euch plötzlich zu, Majestät? Ihr blickt so düster.«

Karl fährt sich in der ihm eigenen Weise über die Stirn. »Ach es überkommen einen zuweilen Gedanken wie schwarze Vögel. Der große Reformator Martin Luther hat einmal geschrieben, daß man diese schwarzen Vögel nicht hindern kann, über unsern Häuptern daherzufliegen, aber wir sollen sie verscheuchen und hindern, damit sie kein Nest in unserem Haar bauen.«

Der Alte nickt verständnisvoll. »Ihr werdet es nicht leicht haben, Majestät«, sagt er. »Aber ich kenne auch ein Lutherwort aus seinem bekannten Lied. Euer Oheim, unser geliebter König Gustav Adolf, hat es gern gesungen: ›Mit unsrer Macht ist nichts getan, wir sind gar bald verloren. Es streit' für uns der rechte Mann, den Gott hat selbst erkoren. Fragst du, wer der ist? Er heißt Jesus Christ, der Herr Zebaoth, und ist kein andrer Gott, das Feld muß er behalten.‹ Das wollen wir Euch jetzt anstimmen, ehe Ihr weiter reitet, Majestät. Und ich gebe Euch noch einen Zuspruch des Ehrn Martinus mit auf den Weg: ›Mit Freuden hindurch!‹«

»Mit Freuden hindurch!« murmelt Karl vor sich hin, als er von dem immer ausgelasseneren Mitsommernachtsfest auf Larsens Hof sich unbemerkt gelöst hat und nur gefolgt von seinem Reitknecht am tosenden Dalelf entlang in den Frieden des nordischen Hochwaldes eindringt.

»Ja, mit Freuden hindurch«, wiederholt er, »aber hilf, Herr, ohne Christine, deren Bild, deren machtvolle Herrschernatur mich immer noch verfolgt, nicht losläßt! Mach mich frei, laß mich ohne sie, mit dir, Herr, mit dir an mein Werk gehen!«

Er hat in den letzten Tagen, die er inmitten seines Volkes verbrachte, seine Freude mit ihm teilte, zur Genugtuung festgestellt, daß ihn dies Volk als seinen König anerkennt, daß es ihn sogar liebt. An ihm ist es, diese Liebe zu erhalten und zu vertiefen, so daß er auch bei Schwierigkeiten auf diese Männer bauen und sich auf sie stützen kann. Er hat die Bauern als erste für sich gewonnen, und Bauern waren es, die dem ersten Wasa-Gustav bei der Befreiung von der blutigen Schreckensherrschaft der Dänen halfen und ihm die Krone Schwedens eroberten.

Als zweite sind dem jungen König die Bergleute zugefallen. Er hat in den Silber- und Kupferminen, in den Eisengruben aufgemerkt, ist in die Schmelzhütten getreten, hat die Kupfermünze besichtigt. Er hat nicht mehr hoheitsvoll und unwissend dabeigestanden und von oben herab zugesehen.

Daß er ihnen beweisen konnte, daß er ihre Arbeit kannte, zu würdigen wußte, das zeigten ihnen seine Fragen, seine sachverständigen Bemerkungen, die davon zeugten, daß er wirkliches Interesse hatte. Er hatte seine Kenntnisse seinem Vater zu verdanken, der früher Kriegsminister, Finanzminister, in Gustav Adolfs Abwesenheit Reichsverweser gewesen war und die Verantwortung für die so wichtige Kupfermünze übertragen bekommen hatte. Sein reiches Wissen auf diesem Gebiet hatte er seinem Sohn weitergegeben. Er hatte ihn von Kind an auf seine Pflichten als Prinzgemahl, als Gatten Christines, vorbereitet, der ihr helfend, beratend zur Seite stehen sollte. Doch was hatte sich Christine um Bergleute, Eisengießer, Schmiede geschert! Wenn nur die Kupfermünzen, die Silbertaler in Menge hergestellt wurden, das Eisen zum großen Teil ins Ausland verfrachtet und dort verkauft, damit sie mit vollen Händen ausgeben konnte.

Karl wollte nicht sich selbst, sondern seinem Land zu neuem Wohlstand verhelfen. Und diese rauhen Männer hatten dafür ein feines Gespür. Da viele von ihnen von den Vorfahren her, die geschickte Eisenschmiede gewesen waren, aus Deutschland stammten, freuten sie sich zudem, als er sie in der vertrauten ihm ebenso geläufigen Sprache anredete.

Bauern, Bergleute, Schmiede, die Männer der Arbeit, die in Schweden so wichtig waren, hatte er für sich gewonnen. Er hat gleichfalls mit den Holzflößern am Dalelf, den Waldarbeitern, den Fischern Gespräche geführt. Von allen ist ihm herzliches Vertrauen entgegengebracht worden.

Die Güter der Adligen hat er nicht besucht. Er weiß, daß ihm der schwedische Adel nicht wohlgesinnt ist.

Aber – er reckt sich im Sattel auf – er wird sich ihnen gegenüber behaupten. Er wird nicht wie Christine die Bauern mit leeren Versprechungen abspeisen. Er wird ihnen zu ihrem Recht verhelfen. Er hat sich mit dem alten Lars Larsen schon in einem von andern unbelauschten Gespräch darüber unterhalten. Er kann nicht übers Knie brechen, er kann sich nicht in Gefahr begeben und sich die schwedischen Adligen gleich zu Beginn seiner Regierung zu erbitterten Todfeinden machen. Erst muß er fest im Sattel sitzen, mit starker Hand sie unter seine Gewalt beugen. Aber wenn es auch Jahre dauern sollte, er würde es durchsetzen. Er konnte die verkauften, verschenkten, verpfändeten Krongüter nicht einfach zurücknehmen. Das verstanden die Bauern. Er wollte aber jetzt schon mit Nachdruck durchsetzen, daß die einst freien Männer, die zu diesen Gütern gehörten, besser behandelt, nicht mehr zu Frondiensten herangezogen, wie Leibeigene ausgepreßt wurden.

Und später gelang es ihm wohl, diese einst der Krone gehörenden Besitztümer zurückzukaufen, auszulösen, und wenn sich einer der neuen Besitzer weigern würde, so würde er ihn dazu zwingen. Ja, er würde es sogar wagen, die einst der Krone abhanden gekommenen Güter einzuziehen und dadurch den Bauern neue Freiheit, der Regierung neue Mittel gewinnen, nicht zu seinem persönlichen Besitz, sondern um vielerlei Reformen einführen zu können. Es wird Jahre dauern, viele Jahre. Aber er wird es durchsetzen. »Ich oder die nach mir kommen werden«, sagt er so laut vor sich hin, daß sein Pferd erschrickt und er es noch fester am Zügel faßt. Oder hält er den Zügel so fest, weil er an diejenigen denkt, die er zügeln muß? Ahnt er, daß einer, der nach ihm kommt, sein Sohn, diese von ihm erstellte Reduktion (Zurückführung) durchsetzen wird? Noch muß er abwarten, doch trotz aller Vorsicht und Rücksicht wird der Adel ihm nie wohlwollend gegenüberstehen, wenn er es auch zu vermeiden verstehen wird, diese Mißgunst in Haß, in offene Feindschaft ausbrechen zu lassen. Sein Vater hat als Vertrauter und Schwager Gustav Adolfs den größten und arbeitsfähigsten Teil seines Lebens im Dienst Schwedens verbracht, seine Kräfte darin verbraucht. Er hat seine Ämter als Minister wie als Reichsverweser derart uneigennützig und gewissenhaft geführt, daß man im Ausland die korrekten Zahlungen der Schweden lobte, die Schweden selber, der Adel, seine Sparsamkeit als Geiz verschrie.

Während man ihm in seiner deutschen Heimat den Beinamen »der Schwede« gab, hat man ihn in Schweden »den Pfälzer« genannt. Wird man Karl je als Schweden anerkennen? Der Adel hat schon wütend dagegen protestiert, als ihn Christine ihm als Thronfolger vorstellte. Niemals wird man zugeben, daß er als ein Wasa die Reihe dieser Könige fortsetzt, obwohl er von den Wasas ebensogut wie Christine abstammt.

Es würde die schwedischen Adligen allerdings selber kränken, sie würden es als Schmach empfinden, wenn dem Namen Karl X. dies

»der Pfälzer« oder »aus der Linie Pfalz-Zweibrücken« beigefügt würde. So hatte der Reichsrat dann die Notlösung gefunden und er und, sollte ihm ein Sohn geboren werden, danach dieser sein Sohn, sein Enkel und alle seines Blutes, die ihm nachfolgen und den Thron Schwedens besteigen würden, hätten diese lächerliche Beifügung zu ihrem Herrschertitel: »aus der Linie Kleeburg« zu tragen.

Ja, lächerlich findet er das. So lächerlich, demütigend wie »von Gottes und Christines Gnaden«. Christine! Könnte er sie endlich aus seinem Gedächtnis auslöschen! Er soll sein ganzes bisheriges Leben an sich vorbeiziehen lassen. Das gibt Abstand. Das löst, macht frei, auch von Christine. Dies »aus der Linie Kleeburg« gäbe ihm den Anfang dazu. Wie kommt er überhaupt zu diesem »aus der Linie Kleeburg«? Er kennt dies Kleeburg ja gar nicht.

Er springt vom Pferd, gibt seinen ihm in einiger Entfernung folgenden Begleitern Anweisung, im nächsten Hof für sie um Aufnahme für die Nacht zu bitten und seiner dort dann zu warten. Sie könnten getrost dort mitfeiern, wie es in diesem Kreis allenthalben Brauch ist. Sorgen um ihn bräuchten sie sich nicht zu machen. Er würde schon nachkommen und hier nur in völliger Stille eine Zeitlang allein verweilen. Gewiß beschäftigen ihn schon die kommenden Anforderungen, die sich ihm als König stellen werden, mutmaßen die beiden. Sie gehorchen, reiten weiter. Er wirft sich in das weiche Gras, lang hingestreckt.

Über ihm schaut durch die Baumkronen der hohen alten Eichen der blaue Sommerhimmel zu ihm herab. Nichts regt sich. Nur der Wald rauscht, und in der Ferne tost der Dalelf, der gewaltige Strom des Nordens. Hier wäre der rechte Ort, Rückschau zu halten, wenigstens damit zu beginnen und sie in einsamen Abenden fortzusetzen.

Dies »aus der Linie Kleeburg« will er zuerst überlegen. Wenn es noch »aus der Linie Pfalz-Zweibrücken« hieße! Das würde stimmen und klänge ganz anders, denn er ist, wie sein Vater war, Pfalzgraf von Pfalz-Zweibrücken. Kleeburg! Ein kleiner Ort, ein Dorf ist das, das er nie gesehen hat, in dem er nie gewesen ist, das weder ihm noch seinem Vater je gehörte. Sein ältester Onkel Johann von Pfalz-Zweibrücken war der Besitzer. Er hat den Eltern, als sie jung verheiratet waren und noch keinen festen Wohnsitz in Deutschland hatten, ein kleines Schloß, eher einen Bauernhof, zur Verfügung gestellt, worin früher sein Amtmann über die paar Elsässer Dörfer, die dazu gehörten, Aufsicht führte und, wenn die Bauern dort zusammenkamen, Gericht hielt. Sie haben sich dann auf einer Anhöhe nicht weit von diesem Dorf die Katharinenburg gebaut, mußten sie aber wegen des Ausbruchs des Dreißigjährigen Krieges bald wieder verlassen und nach Schweden zurückkehren. Nichts, gar nichts hat Karl mit diesem Dorf Kleeburg zu tun. Er ist in Schweden geboren, hat für Schweden und Christine – so hieß die Parole – im schwedischen Heer gekämpft. War Christines Vater, König Gustav Adolf, nicht in den Krieg gezogen, um für die reine Lehre, den protestantischen Glauben zu kämpfen? War es nicht Verirrung, »Christine« anstelle des Glaubens zu setzen? »Für unseren evangelischen Glauben« hätte es heißen müssen und nicht »für Christine«. Tönt nicht aus dem Tosen des Dalelfs ihr spöttisches Lachen? Karl schlägt mit der Hand durch die Luft. Er ist eingeschlafen. Er träumt. Er murmelt im Traum: »Herr, erbarm dich! Mach mich frei.«

Die Ehrenburg

Karl Gustav erwacht. Er stützt sich auf den linken Ellbogen, richtet sich langsam auf, reckt sich. Wo ist er? Über ihm ist das Rauschen des Waldes, das sich weiter und weiter als ein unendliches gewaltiges Lied fortsetzt. In weiterer Entfernung tost der Dalelf. Ist nicht da wieder das Lachen Christines, diesmal nicht spöttisch kalt, sondern so dunkel warm, womit sie die Herzen der Menschen erobern konnte? Hat er sie wieder auf einem ihrer tollkühnen Ritte begleiten dürfen und müssen, wo sie ihre Gefolgschaft samt den Pferden schier zu Tode hetzte, bis sie alle bis auf ihn, den Ausdauerndsten und Treusten, zurückblieben? Hat sie ihm und sich endlich nun eine kurze Rast gewährt? Er blickt sich noch benommen um. Findet sich endlich zurecht. Christine ist nicht neben ihm. Sie ist weit. Entweder reitet sie noch als junger Bursche verkleidet durch das Land des Todfeindes, des Dänen, oder sie hat ihre pompöse Wagenkolonne erreicht und zieht mit ihr quer durch Deutschland gen Süden, immer weiter gen Süden, dem katholischen Rom, dem Papst zu.

Und er, Karl Gustav, ihr getreuer Gefolgsmann, wird bald von ihr vergessen sein. Sie wird sich seiner nur erinnern, wenn sie die Beutel voll Geld, die sie aus dem verarmten Schweden mitgenommen hat, sowie die Einkünfte vertan hat, von den Inseln Öland, Gotland, Ösel, aus den in ihren Besitz übergegangenen Städten und Schlössern Wolgast und Norköping, aus den Provinzen Mecklenburg und Pommern. Karl Gustav hat diese hohen Einkünfte für sie bei dem verständlicherweise sehr unwilligen, entrüsteten Reichsrat durchgesetzt, hat sich zum erstenmal als Herrscher gezeigt, dem man sich beugen muß. Bis zum Schluß war er Christine treu ergeben gewesen, hatte für sie getan, was in seinen Kräften stand. Darum hieß es wohl »von Christines Gnaden«. Lebt sie nun leichtsinnig auf großem Fuß von Karls Gnaden?

Doch er will ja endlich, endlich von ihr frei werden! Oxenstierna hat ihm als Heilmittel eine »Generalbeichte«, für ihn, den Protestanten, ein sogenanntes Zurückerinnern geraten. Doch jetzt kann er nicht länger verweilen. Sonst werden seine Begleiter, die er vorausgeschickt hat, und diejenigen auf jenem Hof, mit denen sie nun feiern, unruhig, besorgt werden. Wie er so an die langen Tische voll Gebratenem, Geräuchertem, Gebackenem denkt, merkt er, daß er selber Hunger hat. Er ist kein Kostverächter wie Christine. Er ist ein kräftiger Mann und bedarf und liebt kräftige Kost. Er wird sich dort inmitten der schwedischen Bauern zum Mahl setzen, und dann wird er mit ihnen fröhlich sein müssen. Auch das ist Königs Pflicht.

Morgen, ja morgen sollen seine beiden Begleiter, die gewiß nach der durchfeierten Nacht müde sein werden, weit zurückbleiben. Er selber wird gleichfalls langsam reiten und nachdenken, sich zurückerinnern.

Auch jetzt treibt er sein Pferd nicht zur Eile an. Er überlegt.

Von Kleeburg weiß er nur, daß dort seine Eltern kurze Zeit wohnten, nachdem sie nach ihrer Hochzeit aus Schweden in des Vaters Heimat gekommen waren. Zu den beiden kleinen Töchtern, die sie schon mit sich führten, war ihnen dort zu ihrer großen Freude der erste Sohn, auch ein Karl, geboren worden, den aber ein Jahr danach der Herr wieder zu sich gerufen hatte. Auch das vierte Kind, das kurz danach geboren wurde und das sie als einen Ersatz für den verstorbenen Sohn erhofft hatten, die Tochter Elisabeth Amalie, war noch in Kleeburg getauft worden. Doch ihren ersten Sohn Karl Friedrich hatten sie schon in der Kirche zu Birlenbach beisetzen lassen. Denn dort in der Nähe des Dorfes Birlenbach hatten sie einen Bauplatz erworben und darauf das Schloß Katharinenburg erbaut.

Es steht noch, ist nun Karls Besitz. Er beabsichtigt, es seinem jüngeren Bruder Adolf Johann als Residenz zu überlassen. Er selber hat diese Katharinenburg noch nie gesehen. Und doch weiß er so viel, so viel davon. Seine drei älteren Schwestern hatten immer und immer wieder davon erzählt.

Christina Magdalene, die schon vor Jahren den Markgrafen Friedrich von Baden-Durlach geheiratet hatte, war ja schon sechs Jahre alt gewesen, als sie die Katharinenburg verlassen mußte, ihre Schwester, Eleonore Katharina, die nunmehrige Landgräfin von Hessen, schon fünf Jahre alt. Elisabeth Amalie, die damals drei Jahre alt gewesen, die als neunjährige verschieden war, konnte sich kaum noch erinnern. Aber sie plapperte eifrig mit, wenn die andern beiden von der Katharinenburg erzählten, und alle drei Mädchen strahlten dabei, als ständen sie vor dem Weihnachtsgabentisch, und alle Kerzen im Saal spiegelten sich in ihren Augen wider.

Katharinenburg – das erschien dem kleinen Karl Gustav so etwas wie Weihnachten. Am liebsten hörte er zu, wenn die Mutter in einer blauen Dämmerstunde davon erzählte oder der Vater, wenn sie alle miteinander vor dem großen Kamin saßen, in dem die Buchenscheite knackten und die roten Flammen loderten.

»Katharinenburg ist das allerschönste Schloß auf der Welt!« hatte eine der Schwestern einmal versichert. »Ganz herrlich ist es, viel, viel schöner als das düstere unheimliche Schloß Drei Kronen in Stockholm.«

Der wahrheitsliebende Vater hatte verbessert: »Solch ein prächtiges prunkvolles Schloß darfst du dir darunter nicht vorstellen, Karl Gustav. Es ist ein schlichter, fester Bau mit vier Türmen, die jedoch nicht stolz und kriegerisch gen Himmel ragen, sondern eher gemütlich dreinschauen, so als wenn sie zeigen wollten, daß wir darin gut behütet sind. Allerlei Kunstwerke und Marmorfiguren weist es auch nicht auf. Nur über dem Hauptportal befinden sich zwei Wappen mit den dazugehörigen Verzierungen, die von drei wilden Männern gehalten werden, die Standhaftigkeit, Geduld und Hoffnung darstellen sollen. Auf den beiden Schrifttafeln darunter befinden sich die Namen eurer Eltern und die Inschriften M H K V H, das heißt: ›Meine Hilfe kommt von dem Herrn‹, und auf der andern: ›Wer Gott vertraut hat wohl gebaut.‹«

»Doch das Schönste ist der herrliche Ausblick von dieser Höhe über die Rheinebene hin bis zum Schwarzwald«, setzte die Mutter hinzu.

»Und der Rosengarten! Der Rosengarten mit mehr als tausend Rosen«, fiel Christina Magdalene ein.

»Und der Wald dahinter mit hunderttausend Vögeln!« zwitscherte Elisabeth dazwischen.

»Deine Schwestern übertreiben natürlich in kindlichem Unverstand«, erklärte dazu der Vater.

»Aber das ist nicht übertrieben«, erklärte die Mutter, »unsere Katharinenburg ist das schönste und liebste Schloß, das ich mit keinem Marmorschloß vertauschen möchte. Wißt ihr warum? Weil Liebe und der rechte Glaube darin wohnen, weil es unser Heim ist, das uns wirklich gehört. Unsere Heimat auf Erden! Wenn dieser entsetzliche Krieg vorüber ist, werden wir dorthin zurückkehren. Dann wird es auch deine Heimat sein, Karl Gustav.«

»Es dürfte gar keinen Krieg geben«, meinte die Älteste nachdenklich. »Warum gibt es immer wieder Krieg?«

»Manchmal muß man Kriege führen«, hatte Karl Gustav dazu geäußert. »Um des Glaubens willen, wie es unser großer Oheim Gustav Adolf tat, um der Gerechtigkeit willen, als der erste Wasa-König die Dänen aus Schweden hinauswarf. Man muß einfach kämpfen.«

Ahnte er damals schon, daß er ein Kriegsmann werden würde?

»Einst wird auf der ganzen Erde Friede sein«, sprach der Vater ernst. »Von unserm Herrn und Heiland steht geschrieben: ›Er ist unser Friede.‹ Einmal werden wir in unsere Heimat einziehen dürfen, wenn nicht hier auf Erden, dann in die obere Heimat, die für uns schon bereitet ist, in das höhere Jerusalem, die Ehrenburg. Dorthin müssen wir unser Verlangen richten.«

Seit diesem Gespräch war für Karl Gustav die Katharinenburg immer eine Art Vorschau auf das himmlische Jerusalem. Auch in dieser hellen Nacht, in der er zu dem Bauernhof reitet, der ihn aufnehmen wird, denkt er daran. Und kein Erinnern an Christine stört ihn dabei.

Als er zu später Stunde sich in dem breiten Eichenbett zur Ruhe begibt, schläft er bald ein, obwohl draußen unter den Birken und im Hof noch das junge Volk singt und tanzt. Er hat einen seltsamen Traum. Er reitet, reitet, und endlich taucht auf einem hohen Berg eine sonnüberstrahlte Burg auf. »Ist das die Katharinenburg?« fragt er.

»Das ist deine obere Heimat«, antwortet eine Stimme. »Das ist die himmlische Ehrenburg. Du hast einen guten Kampf gekämpft. Nun bist du frei! Tritt ein, Karl X. Gustav, König von Schweden!«

Der schwedische Bär

Der König bricht nach herzlichem Dank für die Gastfreundlichkeit in frischer Morgenfrühe auf. Seine Begleiter, die fast die ganze Nacht mitgefeiert haben, sind nicht gerade erfreut darüber. Noch weniger gefällt ihnen, daß ihr Herr immer weiter gen Norden, in immer größere Einsamkeit vordringt, daß es ihm nach der Gewohnheit seiner Kriegsjahre nichts ausmacht, einfach unter den Bäumen des Hochwaldes zu übernachten oder die Köhler in ihrer Hütte um Quartier zu bitten. Doch sie wissen ja nicht, daß er den Rat des klugen Oxenstiernas befolgt, daß er sich nicht nur als König dem Volk zeigen will, sondern vor allem Rückschau auf sein Leben hält.

Er weiß natürlich von seinen ersten Lebensjahren nur durch das Erzählen seiner älteren Schwestern. Er ist auf Schloß Nyköping geboren. »Mitten im kalten Winter, wohl zu der halben Nacht«, hat ihm die Mutter berichtet und ihm lächelnd über den Kopf gestrichen. »Wir haben uns so sehr gefreut, wieder einen Karl, diesmal einen Karl Gustav, für unsern Karl Friedrich geschenkt bekommen zu haben. Du bist unser erstes Kind, das in Schweden zur Welt kam.«

»Aber ein Schwede bist du doch nicht«, hat die älteste Schwester aufgetrumpft.

»Bin ich doch!« hat Karl Gustav widersprochen.

»Wenn du in Afrika geboren wärst, wärst du auch kein Neger«, hat die Große geneckt, und die Mutter hat sich schnell eingeschaltet und gesagt: »Noch lieber wäre es mir gewesen, wenn du auf der Katharinenburg geboren wärst.«

»O ja«, haben da die drei Schwestern gerufen, »auf unserer Katharinenburg!«

»Da wären viele feine Leute zur Taufe gekommen«, hat die kleine Elisabeth geschwärmt.

»Das wäre nicht die Hauptsache gewesen«, hat die Zweitälteste gemeint, »all die lieben Bauern aus Kleeburg und Birlenbach hätten mitgefeiert, und alles wäre so gemütlich gewesen und so schön geschmückt.«

»Mit all den vielen Rosen«, hatte die kleine Elisabeth hinzugefügt.

»Dummerchen, Rosen gibt es doch im Winter nicht«, hatte die Älteste belehrt.

»In dem milden Klima in jenem Lande blühen dann und wann auch im November Rosen«, hatte die Mutter gesagt, und sie hatte geradezu verträumt dreingesehen. »Aber Nyköping, unseres Karl Gustavs Geburtsort, ist auch schön«, hatte sie dann rasch hinzugefügt. »Wir müssen täglich dem Herrn danken, daß er uns gnädig bis hierhin geleitet hat. Euer Onkel König Gustav Adolf hat uns gut beraten, noch zur rechten Zeit, ehe die Kriegswirren ganz Deutschland verheerten und uns den Weg abgeschnitten hätten, hierher zu flüchten. Einmal werden wir wieder zu unserer geliebten Katharinenburg zurückkehren können. Wenn endlich Friede ist.«

Sie hat es nicht mehr erlebt, die gute Mutter Katharina. Doch sie wird in einen größeren Frieden eingegangen sein, in eine unvergängliche Burg, nicht von Menschenhänden erbaut, von ihrem Herrn ihr bereitet.

Aus Nyköping sind sie dann in das Königsschloß Drei Kronen in Stockholm gezogen. Der Vater ist von Gustav Adolf mit immer größeren Aufgaben betraut worden und mußte daher stets in seiner Nähe sein, und wenn der König samt dem Kanzler Oxenstierna im Polenfeldzug war oder Verhandlungen mit Dänemark führte, war er sogar Reichsverweser.

Die Mutter mußte wie einst vor ihrer Heirat den Schloßhaushalt betreuen. Ihr Bruder hatte ihr das schwere Amt der Oberhofmeisterin übertragen. Die Königin war nicht fähig, dem allem vorzustehen. Sie wollte auch gar keine Pflichten übernehmen. Karl Gustav hatte sie als kleiner Junge nur wenig gesehen und später erst recht nicht, als sie nicht mehr am Hofe lebte. Als er ihr vorgestellt worden war, hatte der Zwei- oder Dreijährige sogleich einen Widerwillen gegen diese Frau gehabt, so wunderschön sie auch mit ihren goldenen Locken und zartrosa Gesicht gewesen war.

Er hatte sich in der Mutter Rockfalten versteckt, hatte das Zucker-

werk, das ihm angeboten wurde, abgelehnt, hatte ein trotziges
»Mag nicht!« hervorgestoßen. Die Zwerge der Königin hatte er
ganz greulich gefunden. Er hatte sich immer Zwerge als liebe kleine
Männlein mit schönen langen Bärten und gütigem Gesicht vorge-
stellt. Diese aber schnitten scheußliche Fratzen und balgten sich mit
den Pudeln der Königin um Kuchenstücke, die sie ihnen vorwarf.
Daß am hellen Tage Kerzen brannten, wunderte den Kleinen auch.
Wenn dies Schloß auch ein arg dunkler Bau war, so war es doch
nicht so dunkel darin, daß man um die frühe Nachmittagsstunde
Lichter anzünden mußte.

Er hatte wie Mutter erstaunt nach dem Grund gefragt, und die Königin hatte statt ihrer mit einem Lächeln, das gar nicht lieb war, geantwortet: »Schöne Frauen sehen bei Kerzenlicht noch schöner
aus«, und dabei hatte sie ihre Schwägerin so spöttisch angesehen.
Als ob die Mutter nicht schön wäre!

»Mutter braucht keine Kerzen«, hatte Karl Gustav gebrummt.

Da hatte die schöne Königin noch schlimmer gelacht. Aber Mutter
hatte ruhig erwidert: »Nein, Mutter hat keine Kerzen nötig.«

Dem kleinen Jungen war es immer ungemütlicher in dem Raum mit
den unheimlichen Zwergen, den schwarzen, fremdartigen Hunden
geworden. Es war so stickig heiß darin, die Fensterritzen waren ver-
stopft, um jedem frischen Lufthauch den Eingang zu verwehren,
und solch seltsamer Geruch, der ihm gar nicht gefiel, war darin.
Daß die Königin täglich Flaschen voll Parfüm verbrauchte, wußte
er damals als Kind noch nicht.

»Es stinkt hier«, hatte er in Mutters Rockfalten gemault, und sie
hatte ihm rasch die Hand auf den Mund gelegt.

Die Königin hatte es nicht gehört. Sie hatte geseufzt: »Ach, was
nützt mir alle Schönheit. Ihr habt einen Sohn, einen kräftigen Sohn,
und ich – all meine Kinder kamen bisher tot zur Welt.«

Die Mutter hatte sie tröstend umarmt. »In wenig Wochen ist es soweit. Dann wird der Thronerbe geboren.«

»Und Ihr steht mir in den schweren Tagen bei«, hatte Marie Eleonore – plötzlich gar nicht mehr stolze Königin, sondern kläglich
weinendes Kind – gejammert.

»Ich stehe Euch bei«, hatte Katharina versprochen. Das war ihrem kleinen Sohn gar nicht recht gewesen. Er mochte diese schöne böse Frau Königin nicht. Die Mutter sollte bei ihm und den Schwestern bleiben und nicht bei dieser Frau und ihren Zwergen und Hunden in dem dumpfen Raum, in dem man kaum atmen konnte.

Und dann war es soweit. Karl X. erinnert sich noch gut, wie er als Vierjähriger erschrak, als einige Wochen nach seinem Geburtstag, am 17. Dezember 1626, Kanonendonner über die Stadt dröhnte, daß die Fensterscheiben zitterten, immer wieder, mehr als hundertmal.

»Der Thronfolger ist geboren«, hatte ihm Vater etwa nach einer Stunde erklärt, und noch später war die Mutter auch gekommen. Sie war sehr blaß, und ihre Hände zitterten.

»Ich konnte diese Lügerei nicht mehr mitmachen«, sagte sie leise zu ihrem Gatten. »Ich habe das Gewebe zerrissen. Man hatte Gustav Adolf im Glauben gelassen, es wäre ein Sohn, wie er auch freudestrahlend dem Reichsrat verkündet hat. Ich habe ihm die Wahrheit nicht mehr vorenthalten. Er weiß jetzt, daß es ein Mädchen ist, und – dem Herrn sei Dank! – er ist trotzdem glücklich. Es ist ein gesundes Kind, nur« – sie zögerte, blickte auf die Kinder, doch dann entschloß sie sich weiterzusprechen – «es ist von oben bis unten mit rotbraunen Haaren bedeckt. Marie Eleonore schrie, als man es ihr zeigte: ›Es ist ein Bär!‹ und dann fiel sie in Ohnmacht. Gustav Adolf lächelte dazu und sagte: ›Der schwedische Bär.‹«

»Ein Bär!« rief Karl Gustav entzückt. »Darf ich mit ihm spielen?«

Die Mutter blickte ihn nachdenklich an. »Du wirst vielleicht mehr mit ihm spielen müssen, als dir lieb ist, mein Sohn. Jetzt schon, da es die eigene Mutter nicht mehr sehen will. Dann werde ich das arme Kind wohl zu uns herüberholen müssen.«

»Ein Bär!« murmelte Karl Gustav hochbefriedigt. »Ich werde mit einem Bär spielen!« –

»Ja, der Bär hat mit mir gespielt«, sagt der König jetzt vor sich hin. »Der schwedische Bär war Christine.«

Christines Hündchen

Karl Gustav hat als Sechs- bis Achtjähriger seine Base Christine beneidet, wenn auch nicht in böser, eifersüchtiger Art, die seiner geraden Natur völlig fernlag.

Er hat sie einige Jahre später als Zehn-, Elfjähriger bemitleidet.

Er hat sie zu gleicher Zeit bewundert. Und wann hat er sie geliebt, nicht nur als Vetter, als ein brüderlicher Freund, sondern so wie ein Bräutigam die Braut liebt? Hat er sie überhaupt so geliebt? Oder war ihm eben jahrelang eingeprägt worden, so wie es Christine eingeprägt worden war, daß sie später ein Paar werden würden? Was fragt man überhaupt in Fürstenhäusern nach dieser Liebe? Da werden die Ehen aus dynastischen, aus politischen Gründen geplant, ohne daß die Hauptbeteiligten gefragt werden, sogar oft ohne daß sie sich vorher je gesehen haben. Hat er Christine wirklich geliebt, wie ein Mann eine Frau begehrt? Doch darüber will er sich später besinnen. Er soll und will ja sein ganzes Leben schön nacheinander an sich vorüberziehen lassen.

Wenn er es überlegt, sein Erinnern gewissenhaft, wie es seiner Art entspricht, nachprüft, so muß er feststellen: Dies Beneiden, Bemitleiden und Bewundern, eher noch Verwundern, geschah nicht genau nacheinander. Es verwob sich immer mehr ineinander, ja auch die Liebe zu Christine. Er war zuerst als Vierjähriger sehr enttäuscht, als man ihm das kleine Königskind zum erstenmal zeigte. Er stand ganz verblüfft an der Wiege und murmelte beinahe weinend in sich hinein: »Das ist ja gar kein Bär.«

»Nein« stimmte seine Mutter Katharina lächelnd zu, »aus dem Bär ist ein niedliches kleines Mädchen mit goldblonden Härchen und den blauen Augen der Wasas geworden. Ist es nicht reizend?«

Der kleine Junge hatte dafür noch kein Verständnis. Ihm wäre ein Bärchen lieber gewesen. Er hatte gar keine Lust, mit diesem Wikkelpüppchen zu spielen. »Und«, meinte er zuversichtlich, »jetzt wird es seine Mutter wohl auch liebhaben. Die wollte ja keinen Bär.

Jetzt nimmt sie es zu sich und paßt darauf auf. Dann brauch ich es nicht zu behüten.«

»Nein, das brauchst du noch nicht«, sagte die Mutter und strich ihm über den dichten dunkelblonden Schopf. Doch sie schaute dabei sehr ernst. Der Vierjährige krauste die Stirn. Hatten die beiden großen Schwestern nicht davon getuschelt, daß in der Nacht die Wärterin neben Christines Wiege eingeschlafen und bei dem lauten Geschrei der Kleinen aufgeschreckt wäre, das Kind auf dem Boden liegend gefunden und nur noch eine dunkle Frauengestalt hätte hinaushuschen sehen. Und einige Tage zuvor wäre ein schwerer Balken auf die Wiege geschleudert worden, der sie völlig zertrümmert hätte. Das Kind aber wäre unverletzt geblieben.

»Das hat der Vater im Himmel behütet«, hatte die Jüngste der drei Schwestern gesagt. Erst einige Jahre später war dann festgestellt worden, daß Christine durch den Unfall eine etwas schiefe Schulter davongetragen hatte.

Die drei Schwestern waren sich einig gewesen, daß Christines Mutter das Kindchen hätte töten wollen. Sie hatten es bei den Dienstboten aufgeschnappt, daß die böse Königin in diesem Verdacht stände. Vor den Eltern wagten sie so etwas Schändliches nicht zu erwähnen. Sie würden sie zurechtweisen. So etwas Böses durfte man nicht weitererzählen und auch nicht von einer Mutter glauben. Jede Mutter, sogar die Tiermutter, liebt ihr Kind.

Doch daß die Königin Marie Eleonore ihr Töchterchen geradezu haßte, das konnte keinem verborgen bleiben. Das wußte sogar, wie alle im Schloß, der kleine Karl Gustav, und darum hatte er Mitleid mit dem Kindchen in der Wiege.

»Daraus merkst du ja, daß etwas an den Gerüchten ist«, hatte die große Schwester der Zweitältesten zugeflüstert, als der König selber sein Töchterchen seiner Schwester, Karl Gustavs Mutter, gebracht hatte und ihr dabei gesagt hatte: »Ich gebe dir hiermit mein Liebstes.«

Karl Gustav hat sich über »Gerüchte« damals keine Gedanken gemacht. Dazu war er noch zu jung. Aber er hatte mit herzlichem Erbarmen auf das Kind in der Wiege herabgeschaut, hatte vor sich hin gemurmelt: »Wie kann es denn ohne Mutter etwas Rechtes werden?« Dann hatte er sich heimlich, ohne daß es die Schwestern merkten, zu ihm herabgebeugt und ihm zugeflüstert: »Ich werde dich beschützen.«

War damals in seiner frühesten Kindheit das zarte Pflänzchen Liebe, Liebe für Christine, in Karl Gustav aufgekeimt? Aus einem Beschützen erwacht in einem Mann oft die Liebe zu dem Schutzbedürftigen. Doch als Vierjähriger weiß man, ahnt man nichts davon. Doch damals, Karl Gustav, hat deine Verbundenheit mit Christine begonnen, als wäre sie dir von Gott dem Herrn auferlegt worden. Doch fast zu gleicher Zeit hatte es auch begonnen, daß der Knabe Christine beneidet hatte. Es war kein häßlicher gelber Neid gewesen, eher eine Sehnsucht, solch einen Vater zu haben wie sie.

Nicht daß sein eigener Vater ihm nicht lieb und wert gewesen wäre. Er wußte wohl, daß er ihn ehren mußte, wie es Gott befohlen hatte (wobei er wiederum sich unter »ehren« nichts Rechtes vorstellen konnte).

Aber Karl Gustavs Vater war sehr ernst und ruhig. Wenn Gustav Adolf jedoch eintrat, dann schien es, als würden auch die düsteren Säle des düsteren Schlosses Drei Kronen hell. So etwas Strahlendes ging von ihm aus. Man mußte ihn einfach lieben. Dessen ist sich jetzt Karl Gustav in seinen Erinnerungen erst recht bewußt. In Wien jubelte man zwar, als der »Löwe aus dem Norden« gefallen war, überall in den katholischen Ländern der Habsburger wurden Freudenschüsse abgefeuert. Das Oberhaupt der katholischen Kirche, der Papst selber, aber sagte: »Er war ein guter und außerordentlicher Mensch. Klug, bescheiden, tapfer und fromm. Es tut mir leid, daß wir einander nie begegnen konnten.«

Man mußte ihn lieben. Und jetzt als Mann ahnt Karl Gustav, daß die Königin Marie Eleonore, die an ihrem Gatten wie eine lästige Klette hing, ihn wie wild geliebt hat und darum ihr eigenes Kind ablehnte, weil sie annahm, es nähme ihr ein Stück seiner Liebe.

Arme, von der Mutter verstoßene, gehaßte Christine!

Beneidenswerte Christine, wie wurde sie von ihrem herrlichen Vater geliebt! Er trug sie auf seinen breiten Schultern, in seinen starken Armen von Saal zu Saal im Schloß Drei Kronen. Die grauen sonnenlosen weiten Flure, in denen man sich beinahe fürchten mußte, wurden hell und licht, wenn König Gustav Adolf sein Töchterchen hindurchtrug.

Die Kerzen leuchteten wärmer, wenn er mit seiner Christine vor einem der hohen Spiegel einhielt und seine eigenen Züge mit denen in dem schmalen Gesichtchen neben seiner Wange verglich. Das waren dieselben Haare, dieselben Augen, und das feine Näschen bog sich schon wie seine Adlernase.

»Eine rechte Wasa bist du, Königin, nein, ich nenne dich König Christine«, lobte er dann lachend und glücklich.

Ab und zu bekam auch Karl Gustav, der brav hinter- oder nebenher trottete, ein Streicheln über den Kopf, so wie man einem treuen Hündchen einen Leckerbissen zuwirft. Damals sagte er stolz: »Ich bin Christines Hündchen. Ich behüte sie.«

Ja, damals! Als ihn nach zwei Jahrzehnten Magnus de la Gardie so nannte, empfand er es als Spott, schier als Beleidigung. Und stimmte es nicht wirklich?

Beneidet und bemitleidet hatte er Christine dann, als er fast acht und sie noch nicht ganz vier Jahre alt war. Gustav Adolf zog mit seinem Heer in den Krieg, er schiffte sich ein nach Deutschland. Um ihn um Hilfe für die deutschen Protestanten zu bitten, war damals Karl Gustavs Vater von den protestantischen Fürsten nach Schweden gesandt worden. Nun endlich hatte Gustav Adolf Waffenstillstand mit den Polen, Frieden mit den Russen und Dänen. Sein Heer war gerüstet. Nur 15 000 Mann waren es, die dort am Strand vor ihm aufmarschiert waren, um zum Abschied mit ihrem König zu beten und zu singen. Doch es war bestes schwedisches Blut, die Enkel der Bauern, die einst dem Ahnherrn zum Sieg gefolgt waren.

Ein ergreifender Anblick war es, wie die kräftigen, blauäugigen, blondhaarigen Männer an diesem hellen Mitsommerabend vor ihrem König standen. Karl Gustav hatte mit seinem Vater mit zum Strand gehen dürfen. Dies Ereignis sollte sich ihm für alle Zeit einprägen, ihm als Vorbild dienen. Ach, er würde nie werden wie dieser König Gustav Adolf, noch würde er je eine Mannschaft zusammenstellen können wie diese, die der König in Deutschland von Sieg zu Sieg führen würde und die zum großen Teil dort wie er ihr Blut vergießen würde.

Christine war bei ihrer Tante Katharina, Karl Gustavs Mutter, im Schloß geblieben, sie hatte nach dem Abschied weinend ihre mageren Ärmchen um deren Hals geschlungen.

Gustav Adolf hatte seiner Schwester sein Kind noch einmal ans Herz gelegt, hatte in seinem Testament ausdrücklich angeordnet, daß seine Schwester Katharina und nicht die Königin die Betreuung Christines übernehmen sollte. Marie Eleonore war es zufrieden, ihr einziges Kind andern zu überlassen. Sie selber wälzte sich in dieser Stunde schreiend und schluchzend auf dem Boden, weil ihr herzallerliebster Gemahl sie verlassen hatte und in den Krieg zog. Insgeheim hatte sie aber schon ihr Reisegepäck rüsten lassen, um ihm trotz seines Verbotes zu folgen, ihm in all den Anforderungen und all den Plagen des Kampfes noch eine große Plage zu sein.

Gustav Adolf verabschiedete sich, ehe er das Schiff betrat, das ihn bis Rügen bringen sollte, mit festem Händedruck von Karl Gustavs Vater: »Ich weiß, daß ich dir vertrauen kann, Schwager«, sagte er ernst.

Dem achtjährigen Jungen legte er seine kräftige Rechte auf die Schulter: »Dir vertraue ich auch, Karl Gustav«, sagte er bewegt. »Du wirst meine Tochter nicht im Stich lassen. Du wirst groß werden, du wirst kämpfen müssen wie ich . . .«

»Für Schweden und Christine!« rief Karl Gustav begeistert.

»Und für den Glauben an unsern Herrn Christus«, ergänzte sein Vater.

Karl Gustav schaute zu dem König auf, blickte in die großen blauen Augen, die ihn fest ansahen. Und so ist das Bild in seiner Erinnerung geblieben: der große König Gustav Adolf von dem Strahlenkranz der Sonne umwoben, die als goldrote Kugel auf der Meeresoberfläche ruhte, nicht untergehen konnte.

Auch Gustav Adolfs Gedächtnis würde nicht untergehen, würde in Gold und Blut weiterleuchten. Und die Schrift sagt: »Der Tod seiner Heiligen ist wertgehalten vor dem Herrn.«

Ein Leben für Christine

Die Pfalzgräfin Katharina, Karl Gustavs Mutter, hatte, ehe die Kinder zu Bett gingen, die kleine Christine fest in den Arm genommen. Karl Gustav hatte daneben gestanden und zugesehen. Eifersüchtig war er durchaus nicht gewesen. Es gehörte sich so. Sie war noch so klein. Ihre Mutter wollte nichts von ihr wissen, und ganz in der Ferne entschwanden im fahlen Licht der Sommernacht die Schiffe, die ihres Vaters Heer und ihn selbst, der sein Kind so liebte, davontrugen, weit, weit fort in den Krieg, in den Tod.

»Jetzt bin ich deine Mutter, Christine«, hatte die Pfalzgräfin gesagt, »und ich will dich so liebhaben wie eine Mutter, und alle hier um dich her wollen dich sehr liebhaben.«

Dies zarte kleine Mädchen hatte die gütige Frau mit seinen großen Augen, die ebenso blau waren wie die der Pfalzgräfin Katharina, den Wasa-Augen, ruhig angesehen und geantwortet:

»Ihr seid nicht meine Mutter, sondern meine Tante. Aber ich danke Euch, wenn Ihr mich liebhaben wollt, und es freut mich, wenn Eure Kinder mich liebhaben. Ich habe Euch auch lieb, Frau Tante, gleich nach meinem königlichen Vater und als nächsten« – Christine schaute sich in der Kinderschar um – »da den Karl Gustav. Ich hatte mal die Mägde wie so oft schwatzen hören, meine Mutter bekäme keine Kinder mehr. Ich bliebe die Einzige und müßte meinen Vetter Karl Gustav heiraten. Das glaube ich zwar nicht. Aber vielleicht tue ich es später doch. Vorläufig kann er mein Diener sein, oder das schickt sich wohl nicht für ihn, nun, so ist er eben mein Vetter.«

Karl Gustav starrte sie verblüfft an. Wie konnte diese Vierjährige sprechen! Wie eine Erwachsene! Und an Heiraten hatte er wirklich noch nie gedacht, obwohl er schon gehört hatte, daß Fürstenkinder oft sehr früh von den Eltern als Eheleute bestimmt würden. Doch nein, das kam hier nicht in Frage.

»Ich werde dich beschützen«, sagte er. »Ich habe es deinem Vater

versprochen.« Er schaute dabei gönnerhaft auf das zarte Geschöpf-
chen herab, das sich mit den Füßen von dem Arm der Tante auf den
Boden geangelt hatte.

Das zierliche Kind neigte den blonden Kopf sehr hoheitsvoll.
»Danke«, sagte Christine. »Das tue ich selber!«

Karl Gustav riß seine gutmütigen Augen auf.

Ehe er antworten konnte, entgegnete seine Mutter: »Uns alle beschützt unser Herr und Gott, und darum wollen wir ihn jetzt beim
Abendsegen bitten. Karl Gustav aber wird seiner Base Christine ein
allzeit getreuer hilfsbereiter Freund sein.«

Christine nickte gnädig dazu, und Karl Gustav staunte – staunte.

Er kam auch in den nächsten Tagen, ach, eigentlich in allen folgenden Jahren, wohl sein ganzes Leben lang nicht aus dem Staunen
über Christine heraus. Armer Karl Gustav, wie viel fröhlicher,
freier hätte sein Leben werden können – so denkt er jetzt –, wenn er
nicht Christine so verfallen wäre! Er wurde in der Tat ihr Freund,
ihr Vertrauter, galt als ihr zukünftiger Ehegatte. Sie sagte ihm viel,
was sie andere nicht wissen ließ. Er glaubte sie so gut zu kennen,
und kannte sie doch nicht.

Sie gehörte, nachdem ihr Vater in den Krieg gezogen, ihre
Mutter, die sich sowieso nicht um sie kümmerte, ihm nach
Deutschland gefolgt war, ganz zur Familie ihres Onkels Johann Casimir, des Vaters Karl Gustavs. Sie war ja von klein an in der Obhut
ihrer Tante aufgewachsen, doch jede freie Stunde oder auch nur Mi-
nute hatte ihr Vater sie zu sich geholt, hatte sie erst herumgetragen,
später an der Hand geführt und dann auch zu ihrem lauten Entzük-
ken vor sich aufs Pferd gesetzt. Nun aber war sie allein auf diese
Familienangehörigen angewiesen. Alle taten ihr möglichstes, sie
den Abschied von ihrem Vater verschmerzen zu lassen, und vor allem fühlte sich Karl Gustav nach dem feierlichen Versprechen, das
er dem König Gustav Adolf gegeben hatte, für sie verantwortlich.
Er war, solange er bewußt denken konnte, immer pflichttreu gewesen. Er ließ Christine kaum aus den Augen und – kam kaum aus dem
Verwundern heraus.

Seinem Brüderchen, dem ein Jahr alten Adolf Johann, den die beiden größeren Schwestern so verhätschelten, daß die Mutter manchmal Einhalt gebieten mußte, gönnte Christine kaum einen Blick.

Die Puppen, die ihr die Jüngste, die zarte Marie Euphrosyne, die ihnen an Stelle der vor zwei Jahren verstorbenen Christine Amalie geschenkt worden war, selbstlos in ihrem schönsten Kleidchen zum Spielen anbot, lehnte sie mit einem überlegenen Lächeln ab. Nur beim Anblick des reizenden kleinen Mädchens, dieser Euphrosyne, leuchteten ihre Augen auf, und sie stellte kurz fest: »Sie ist sehr hübsch. Ich mag sie.«

Wenn aber Karl Gustav gar nicht begeistert vor den Büchern saß, aus denen er lernen mußte, wenn er schreiben, rechnen mußte, wenn er von dem klugen Pfarrer Johann Matthiae unterrichtet wurde, dann war sie dabei, kniete auf einem Stuhl, um besser zuschauen, zuhören zu können. Und auf einmal – wie es gekommen war, konnte Karl Gustav nicht verstehen, keinem andern und sich selber nicht erklären –, konnte sie besser lesen und schreiben als er, und schon als Sechsjährige vertiefte sie sich in Caesars lateinisches Buch »De bello Gallico« (Der Gallische Krieg), und o Wunder, sie verstand, sie beherrschte diese lateinische Sprache, die Karl Gustav so schwerfiel, wie sie bald danach, wie aus sich selber heraus, Französisch und Italienisch erlernte.

Man schrieb Gustav Adolf von dieser verblüffenden unwahrscheinlichen Intelligenz dieses »Wunderkindes«, das ihm auch selber Briefe sandte, und der überglückliche Vater bestimmte, daß seine Einzige ihre eigenen Lehrer und Unterrichtsstunden erhielt. Immer mehr sonderte sich Christine dadurch von ihren Basen und Vettern ab, wählte selber ihres Vaters Bibliothek und Studierzimmer zu ihrem täglichen Aufenthalt.

Und der gute, treue Karl Gustav stand draußen, »machte ein dummes Gesicht«, wie die kluge, überkluge Base neckend feststellte, wenn sie die Tür vor seiner Nase ins Schloß fallen ließ.

Wäre es nicht besser für ihn gewesen, er wäre endgültig und ganz und gar von Christine getrennt worden? Doch da war sein dem König gegebenes Versprechen, und da war, was sie selber erwähnt hatte und was von Jahr zu Jahr immer mehr von seiner näheren und weiteren Umwelt behauptet wurde: er sollte einst Christines Ehemann werden. Mit dem Gedanken wuchs er auf und der Gedanke mit ihm. Sein Vater erzog ihn bewußt zum Gemahl einer Königin. Ihm selber lag wenig am Regieren. Das mochte sie wohl tun, sie, die Superkluge.

Aber für sie kämpfen, das konnte er als Mann, in den Krieg ziehen für Schweden und Christine. Man hätte wohl annehmen können, auch das vermochte sie selber. Solch wilde, tollkühne Reiterin wurde sie von Kind an, so daß später ihr Gefolge zurückbleiben mußte, keiner mehr folgen konnte, außer Karl Gustav. Doch sie versicherte ihm gar oft, daß sie den Krieg verabscheute, daß sie später, wenn sie selber regieren würde, alles tun würde, um diesen schrecklichen Krieg zu beenden, der ihr den Vater so weit fortgeführt hatte.

Nun, Karl Gustav machte sich als Neun-, Zehnjähriger darüber noch keine Gedanken. »Kriege müssen sein«, sagte er ihr einmal auf seine ruhige Art. Und da bekam er ihren wilden Wasa-Zorn zu spüren. Das kleine schmächtige Mädchen tobte, schrie, fauchte ihn an, daß es schien, als wollte sie ihm ins Gesicht springen, und er hatte Mühe, sie zu begütigen.

Im allgemeinen jedoch verliefen ihre gemeinsamen Ausritte in gutem Einvernehmen. Er hütete sich immer mehr, je älter sie wurden, sie zu den Wutausbrüchen zu reizen. Es schien, als täte ihr sein bedächtiges, gleichmütiges Wesen gut, als fühlte sie sich wohlgeborgen dabei, geborgen vor ihrer eigenen ungezügelten Wildheit.

Er dachte dabei immer wieder an sein Versprechen, und zu diesem Pflichtgefühl, zu dem Bewundern oder Verwundern kam noch das herzliche Mitleid, das er für sie fühlte, als die ganz Schweden erschütternde Nachricht eintraf, daß Christines Vater, König Gustav Adolf, gefallen war.

Sie war allein, verlassen trotz aller Menschen um sie her, ohne Mutterliebe, ohne den geliebten Vater und durch ihre seltsame Art, gerade durch ihre hohe Begabung, fremd und fern den andern. In Worte konnte diese Erkenntnis der Zehnjährige noch nicht fassen. Er wußte es nicht mit seinem schlichten Verstand. Er wußte es mit seinem warmen Herzen.

GUSTAV II. ADOLF
König von Schweden
*1594, † 1632

CHRISTINE
Königin von
Schweden
Tochter Gustav Adolfs
*1626, † 1689

MARIE ELEONORE
von Brandenburg
Gustav Adolfs Frau
Vermählt 1620
Bildnis 1619

JOHANN
CASIMIR
Pfalzgraf von
Zweibrücken
*1589, † 1652

KATHARINA
Schwester Gustav
Adolfs und
Gemahlin Johann
Casimirs

Von da an fühlte sich Karl Gustav, wenn er selber auch noch so jung war, derart an Christine gebunden, nahm an, daß sein ganzes Leben lang für sie dasein mußte, daß er mit Recht sagen konnte: Mein Leben für Schweden und Christine.

Und mit diesem Wahlspruch wuchs er auf.

Heb mich hoch!

Wären die Ausritte nicht gewesen, so wäre Christine nach ihres Vaters Tod Karl Gustav nicht näher gerückt, hätte nicht bei ihm Geborgenheit und Liebe gesucht, sondern wäre ihm immer ferner und fremder geworden.

Dies seltsame Kind hat auch den Verlust ihres so sehr geliebten Vaters sehr seltsam aufgenommen. Sie hatte sich nicht wie ihre Mutter aufgeführt, die damals in Frankfurt weilte, wohin sie ihm gefolgt war, ihn verfolgt hatte. Als sie die Nachricht von dem Tode erhalten hatte, hatte die Königin Marie Eleonore gellend geschrien, ihre Kleider zerrissen, sich auf dem Boden gewälzt, sich die Haare gerauft, sich wie eine Wahnsinnige gebärdet. Christine hingegen, die Sechsjährige, war sofort die Königin gewesen oder, wie sie selbst genannt werden wollte, der König Christine.

Während seine Eltern zu Christine gingen, um ihr die Botschaft zu bringen, ihr in ihrem Schmerz zur Seite zu stehen, war Karl Gustav, nur notdürftig bekleidet, heimlich auf den Schloßhof hinausgeschlichen, wo sich schon viele Menschen versammelt hatten, um mit der neuen jungen Königin zu trauern, um ihr zugleich mit ihrer Huldigung ihre Zuneigung zu bezeugen.

Karl Gustav drückte sich fest an die äußere Hofmauer. Er merkte gar nicht, wie er fror. War es vor Kälte oder Erregung, daß ihm die Zähne aufeinanderschlugen? Er merkte nicht, wie Tränen seine prallen Jungenbacken herunterrannen und darauf gefroren. Er starrte nur immer zu dem Fenster hinauf, hinter dem ein gelbes Licht blinkte. Und dann öffnete sich die Balkontür, und eine kleine schmale Gestalt trat, in einen schwarzen Schal gehüllt, heraus, dessen Enden sie wie eine Schleppe nachzog. Karl Gustav erkannte das Umschlagtuch seiner Mutter. Sehr zart und allein stand das kleine Mädchen dort oben im Schneegestöber.

In Karl Gustav wallte es heiß auf. Am liebsten wäre er hinaufgelaufen, hätte Christine mit seinen derben Bubenhänden fest umfaßt und ihr zugerufen: »Ich bin bei dir. Ich habe es deinem Vater versprochen. Ich kämpfe für Schweden und Christine.« War dieses brennende Aufflammen in seinem Herzen, dieser Drang, sie zu beschützen, der Anfang seiner Liebe zu ihr? Oder nur diese männliche Beschützerrolle, aus der jedoch gar oft Liebe wird?

Doch wahrscheinlich hatte sie ihn gar nicht nötig. Sie stand da sehr aufrecht und hob grüßend die kleine Hand, von Schneeflocken umwoben, die Tochter des »Schneekönigs« und selber schon fast Königin. Oder war sie im Grunde doch nur ein armes, verlassenes Kind? Und war sie jetzt, da er sich an diesen Abend zurückerinnerte, jetzt, da sie sich innerlich und äußerlich immer weiter von ihm entfernte, auch immer noch zwar eine überaus kluge Frau – und doch nur ein armes, verlassenes, verirrtes Kind?

»Herr«, stöhnt Karl Gustav auf, »ich kann mein Versprechen, das ich dem König Gustav Adolf gab, nicht mehr halten. Ich kann sie nicht mehr beschützen, und sie will auch gar nicht von mir beschützt werden. Geld, viel Geld ist das einzige, was sie von mir verlangen wird. Nimm du sie in deine Hut und löse mich von meinem Versprechen. Mache mich frei von Christine!«

In den Tagen, die der Nachricht vom Tode Gustav Adolfs folgten, hätte der gutherzige Karl Gustav Christine so gerne getröstet. Er fühlte sich geradezu verpflichtet dazu im Hinblick auf dies feierliche Versprechen, das er so ernst, sein Leben bestimmend, genommen hatte.

Doch er wußte nicht, wie er es bei diesem äußerlich so kühlen, sich in sich selbst verschließenden Kind machen sollte, das sich sogar nach einem kurzen Anschmiegen aus der warmen Umarmung ihrer Tante, der Pfalzgräfin Katharina, schweigend gelöst hatte. Er hatte dabei seine Mutter eindringlich, geradezu verzweifelt angesehen. Sie hatte ihn – wie immer – verstanden und leise gesagt: »Man kann auch ohne Worte trösten, und wiederum gibt es für manchen Schmerz keinen menschlichen Trost.

Ganz Schweden, ja die Protestanten der ganzen Welt, vor allem Deutschlands, die ihn als den von Gott gesandten Erretter jubelnd begrüßt haben, trauern um Christines Vater. Warum Gott ihn uns genommen hat? Gottes Will kennt kein Warum. Das wirst du später auch erfahren. Gott der Herr hat ihm das Tor zu seiner Ehrenburg weit geöffnet. Was du für Christine insbesondere tun kannst, mein Sohn? Zeige ihr ganz einfach, daß du für sie da bist! Man hilft nicht durch Worte, sondern durch Taten.«

Das hatte Karl Gustav sofort begriffen. Er nickte und trappte dann mit seinen kräftigen Jungenschritten durch die langen weiten Flure, in denen jedes Geräusch so seltsam widerhallte, in den Flügel des Schlosses, wohin sich Christine täglich mehrere Stunden in ihres Vaters Bibliothek und Studierzimmer zurückzog, um zu lernen – zu lernen.

Karl Gustav trat ein. Es war im Stockholmer Schloß auch bei den königlichen Gemächern nicht üblich anzuklopfen.

Christine stand vor dem hohen Bücherregal und blickte Karl Gustav ruhig entgegen. »Du kommst gerade recht«, sagte sie kühl.

Er errötete vor Freude. Hatte er es also recht gemacht? »Was soll ich?« fragte er diensteifrig.

Sie wies zu einem der Bücherborde. »Hole solch einen dicken Folianten herunter und leg ihn auf den Stuhl da!« ordnete sie an. »So, und nun heb mich hinauf und schiebe mir noch zwei solche Wälzer unter die Füße! Dann kann ich bequem lesen. Ich bin mit Caesars ›De bello Gallico‹ noch nicht fertig!«

»Warum willst du denn ausgerechnet von Caesars Gallischem Krieg lesen?« fragte Karl Gustav erstaunt.

»Natürlich verabscheue ich jeden Krieg«, antwortete die überbegabte Sechsjährige. »Aber mein Vater war der Ansicht, daß Caesar ein vortrefflicher Mann gewesen wäre, und ich möchte erfahren, warum und wie er Krieg geführt hat.«

»Was geht dich das als Mädchen an?« rief Karl Gustav.

Sie schaute ihn hochmütig an. »Ich bin König«, antwortete sie, »und ein König muß alles wissen.« Und dann machte sie eine kleine herablassende Handbewegung, wie sie hoheitsvoller und gnädiger auch der vornehmste Monarch nicht zustande gebracht hätte.

Karl Gustav war damit entlassen. Er trollte sich – entlassen von der Königin, die lieber König genannt werden wollte.

Kurze Zeit danach befahl Christine wiederum: »Heb mich hinauf!« und erwies sich als Königin. Karl Gustav hatte das nicht miterlebt. Er hatte es der Unterhaltung seiner Eltern entnommen.

Aber er war zufällig dabeigewesen, als die Vertreter der Reichsstände – des Adels, der Bürger und Freibauern – sich bei seiner Mutter melden ließen und sie nicht darauf achtete, daß er an einem Fenster ihres Gemachs, fast ganz von den Vorhängen verdeckt, saß und mit gerunzelter Stirn über einer Mathematikarbeit brütete. Er würde wohl die sechsjährige Christine noch in Anspruch nehmen müssen, die sie gewiß spielend löste. Doch das ließ wiederum sein Stolz nicht zu. Nun hörte er, was die Männer bei seiner Mutter vorbrachten.

Die Königin-Mutter und der Reichskanzler Oxenstierna waren beide noch nicht zurückgekehrt. Darum hielten die Vertreter der Reichsstände die Schwester Gustav Adolfs für ihre Audienz zuständig. Sie wünschten, der Tochter Gustav Adolfs als ihrer neuen Königin zu huldigen.

Zuerst wehrte Katharina ab. Christine wäre noch ein Kind. Sie würde vor der Versammlung so würdiger, stattlicher, rauher Männer erschrecken, am Ende gar weinend fortlaufen. Doch dann gab sie dem Drängen der Abgeordneten nach. Sie versprach, bis zum andern Tag den großen Saal für dies wichtige Ereignis vorbereiten zu lassen.

Und wieder war Karl Gustav dabei, als die großen Fackeln an den Wänden des Saales aufgesteckt wurden und Diener den roten Teppich von der Tür bis zum Königsthron legten.

Er staunte Christine an. Ganz verwandelt erschien sie ihm, wie eine Fremde, völlig Unbekannte, als sie als eine kleine zierliche Dame im steifen Gewand der spanischen Hoftracht mit langem, faltigen Brokatrock, breitem Spitzenkragen und Spitzenmanschetten und reichem Schmuck vor ihm und seinen Geschwistern erschien und dann an der Hand ihrer Tante davontrippelte zum Krönungssaal hin, wo die Reichsstände ihrer harrten und bei ihrem Eintritt das Knie vor ihr beugen würden.

Dort aber – so erfuhr Karl Gustav durch das Gespräch seiner Eltern – hat sie sich von der Hand ihrer Tante losgerissen, ist mit festen

Schritten zum Thron gegangen, die Stufen hinaufgestiegen und hat den verdutzten Reichsrat Gabriel Oxenstierna, den Bruder des Kanzlers, angeherrscht: »Hebt mich hinauf auf den Thron! Laßt einige Folianten bringen, daß ich meine Füße daraufstelle!«

Und so hatte sie sich mit hocherhobenem Kopf und den klar blickenden großen blauen Wasa-Augen huldigen lassen, und die Reichsstände beugten die Knie und schwuren den Treueeid Seiner Majestät, dem König Christine von Schweden, wie sie sie zu nennen befahl.

Karl Gustav war bestürzt gewesen, als er das hörte. Er war es auch, als kurz danach eine russische Delegation an den Hof zu Stockholm kam. Die Pfalzgräfin Katharina war wiederum in Verlegenheit. Die Russen wollten von der Königin persönlich empfangen werden. Wußten sie denn nicht, daß sie ein sechsjähriges Kind war? Und was sagte Christine dazu?

»Majestät brauchen keine Angst zu haben, weil sie so lange Bärte haben«, versuchte Marschall Brahe sie zu beruhigen und zu ermutigen.

»Warum sollte ich Angst haben?« meinte die kleine Königin und blitzte ihn mit ihren strahlenden Augen an. »Was macht's, wenn die russischen Bärte länger sind als Eure schwedischen? Sagt mir nur, was ich zu reden habe. Am besten spreche ich wohl Französisch mit ihnen. Russisch habe ich noch nicht gelernt, und mein Schwedisch habe ich nur von Stallknechten und Mägden aufgeschnappt. Da schlupfen mir oft grobe und unflätige Worte heraus, die kaum angebracht wären.«

Und wieder befahl sie, bevor die Russen in den Saal traten: »Hebt mich auf den Thron, und legt mir Folianten oder Kissen unter die Füße. Nicht wegen meiner Bequemlichkeit. Aber es ist wohl nicht schicklich, auf Schwedens Thron mit den Beinen zu baumeln.«

Die Herren rings um sie her waren verblüfft. Karl Gustav, als er es erzählen hörte, wurde es noch schwerer ums Herz. Brauchte diese kleine Königin seinen Schutz überhaupt noch?

Doch dann war alle seine Betrübnis vergessen, wenn sie wiederum, nicht einmal, sondern fast täglich und vor allem samstags dem alten

Stallknecht mit heller Stimme zurief: »Heb mich hoch!« Dann saß
sie hoch zu Pferd und Karl Gustav nicht weniger stolz und aufrecht
auf dem seinen, und vergessen war alles andere, sie waren wieder
zwei Kinder und ritten durch das weite Land, und wenn sie irgendwo Rast gemacht hatten, so befahl Christine hell und fröhlich
vor dem Aufsitzen: »Heb mich hoch!«

Heia, wir reiten!

Wie hat es mit diesen gemeinsamen Ausritten begonnen? Karl Gustav lächelt vor sich hin, während er daran zurückdenkt.

Er war auf dem Hof auf dem Weg zu den Stallungen gewesen. Plötzlich stand wie aus dem Boden gewachsen die kleine schmale Gestalt Christines vor ihm.

»Wo gehst du hin?« fragte sie knapp. »Willst du ausreiten?« Es hatte geklungen, als hätte sie ihn bei etwas Unrechtem ertappt. »Ja«, hatte er darum etwas patzig geantwortet. »Mein Herr Vater hat es erlaubt, weil ich meine Lektion gut gelernt hatte. Meine Frau Mutter wird auch nichts einzuwenden haben. Sie ist im andern Flügel des Schlosses beschäftigt, überwacht die Mägde, die daran sind, die Gemächer der Königin Marie Eleonore in Stand zu setzen. Ob sie bald zurückkommt?«

Christine zuckte die Achseln. »Meinetwegen kann sie bleiben, wo und wie lange sie will«, sagte sie überlegen, und dann, ehe er sie ob dieser ungebührlichen Bemerkung vermahnt hatte, wie er sich als fast zwölfjähriger, vernünftiger Beschützer Christines verpflichtet fühlte, herrschte sie ihn an: »Hole mir sofort deinen alten Anzug, der dir zu eng geworden ist! Nun, vorwärts! Glotz mich nicht so dumm an!«

»Was willst du denn damit?« fragte er so verblüfft, wie er schon so oft über seine königliche Base gewesen war.

»Ihn anziehen natürlich, Dummkopf!« schrie sie ihn an. »Nun mach schon, vorwärts! Ich will ausreiten hier mit dem alten Sven, so wie ich früher mit meinem Vater ausgeritten bin. Aber natürlich soll er mich nicht wie er vor sich im Arm halten. Ich bin kein kleines Kind mehr. Ich will allein auf einem Pferd sitzen.«

»Dazu mußt du als Frau einen andern Sattel haben und ein Reitkleid«, belehrte sie Karl Gustav.

»Quatsch!« schalt sie barsch. »Meinst du denn, ich wollte solch ein

Geschlampe um die Beine haben? Ich will wie ein Mann reiten. Los, hole den Anzug!«

»Die Frau Mutter wird's nicht erlauben«, widersprach Karl Gustav.

Christine stampfte mit dem Fuß auf. »Ich bin der König. Du bist mein Untertan. Ich befehle es dir!« tobte sie ihren Wasa-Zorn. »Los, bringe sofort den Anzug in mein Zimmer!«

Mit sehr schlechtem Gewissen wie ein Dieb schlich Karl Gustav ins Haus zurück. Wenn ihm doch die Frau Mutter begegnet wäre und sein Vorhaben verboten hätte und wenn es dabei auch eine Ohrfeige von ihrer kräftigen Hand gegeben hätte!

Doch von niemand bemerkt, lieferte er den alten Anzug bei Christine ab, und im Nu erschien sie vor dem vor der Tür Wartenden lachend, übermütig als Junge. Wie Verschwörer rannten sie in den Hof zurück. Dort stand der alte Sven schon mit Karl Gustavs Braunem, seinem eigenen Pferd und dem ältesten und sanftesten Pferd, das im Stalle war, für Christine bereit.

»Nein«, schrie sie heftig, »das will ich nicht. Ich will Vaters Lieblingsschimmel, den er nur nicht mitgenommen hat, weil es in der Schlacht zu sehr auffiele und weil er mir gehören sollte.«

»Ausgeschlossen!« widersprach Sven und schaute Karl Gustav kopfschüttelnd und hilfeflehend an. »Wenn Eure Majestät damit verunglückt, wer hat dann die Verantwortung?«

»Ich!« rief Christine, »und ein Ausgeschlossen gibt es bei mir nicht, merkt Euch das ein für alle Mal, Ihr alle beide.«

Der Alte tauschte einen bekümmerten Blick mit Karl Gustav. Dann schlurfte er in den Stall. Kurz danach kehrte er mit dem feingliedrigen Schimmel zurück. »Heb mich hinauf!« befahl Christine. Und dann ritten sie selbdritt zum Tore hinaus, und Svens bekümmerte Miene, Karl Gustavs besorgtes, schuldbewußtes Gesicht entspannten sich, heiterten sich immer mehr auf.

Christine war nicht nur in ihren geistigen Fähigkeiten ein Wunderkind. Sie war auch die geborene, eine ausgezeichnete Reiterin.

Als sie in den Schloßhof zurückkehrten, erwartete sie dort eine vor Aufregung, Angst und Empörung bebende Frau Pfalzgräfin. Karl

Gustav machte sich schon auf eine Tracht Prügel gefaßt. Doch Christine rief so laut und hell sie konnte vom Pferd herab: »Die Verantwortung trage ich alleine, Frau Tante. Ich, ich, König Christine habe es befohlen. Und jetzt befehle ich, daß mir so rasch wie möglich ein Reiteranzug besorgt wird, ein Reiteranzug, wohlverstanden – kein Damengeschlampe. Karl Gustavs Anzug ist dem Dicken wohl zu eng, mir aber noch zu weit. Reiterstiefel will ich bis morgen früh haben und einen Reiterhut mit einer langen wallenden Feder wie mein königlicher Vater hatte. Ich, Christine, befehle es. Karl Gustav und Sven sollen mich jeden Morgen vor dem Unterricht begleiten und samstags einen halben Tag. Meinetwegen könnt Ihr, Frau Oberhofmeisterin, mir der guten Sitte wegen noch zwei oder drei als Gefolge anhängen, je langsamere Reiter, um so besser. Desto rascher haben wir sie abgehängt. Dies ist mein königlicher Befehl! Heia, wir reiten!« Und damit sprang sie wie eine Feder vom Pferd mitten unter die staunende Menge, die sich im Hof angesammelt hatte.

Und damit begann die Zeit der fröhlichen Ausritte, derer Karl Gustav jetzt noch lächelnd gedenkt. Und wenn er auch Christine selber vergessen will, dieses fröhliche Reiten kann er unbeschwert in Erinnerung behalten.

Ein armes Kind

Viele Male, wohl viele hundert Male ist Karl Gustav mit Christine ausgeritten, aber niemals sind sie so froh und sorglos gewesen wie in jenen ersten Tagen, wenn auch Christines Gesicht ab und zu in jähem Schmerz erstarrte und wie versteinert wirkte, wenn sie irgend etwas an ihren geliebten Vater erinnerte. Doch zumeist vergaß sie alles, was sie beschweren konnte, wenn sie ausgelassen mit Karl Gustav dahinpreschte oder ein Wettrennen mit ihm ausmachte, der trotz seiner ruhigen Gemütsart ein hervorragender Reiter war. Jäh ging diese Zeit zu Ende, in der sie beide noch wirklich wie Kinder ihre Freiheit genossen.

Die Königin-Mutter Marie Eleonore kehrte endlich nach Schweden zurück. Sie war in Nyköping gelandet und hatte den Sarg ihres Gemahls mit sich geführt, der trotz alles Drängens von seiten Schwedens immer noch nicht beigesetzt worden war und dessen Leichnam, trotzdem der König es zu seinen Lebzeiten verboten hatte, auf ihre Anordnung hin einbalsamiert worden war. Es war ein unheimlicher, erschütternder Anblick, als in dem fahlen Licht des Juniabends hinter der ganz in schwarze Seide, Krepp und Schleier gehüllten Königin-Witwe und dem gleich ihr in Trauer gekleideten Gefolge der große schwarze Sarg aus dem Schiff an Land getragen wurde.

Mit weit geöffneten Augen, regungslos starrte Christine diesem düsteren Zug entgegen, als er feierlich im Schloßhof eintraf. Karl Gustav, der zur Begrüßung neben seiner Mutter stand, wäre am liebsten zu ihr hinaufgelaufen, um sie zu schützen vor irgendeinem Unheil, das sie bedrohte.

Doch es sah gar nicht so böse aus, wenigstens dem flüchtigen Anschein nach. Ganz liebevolle Mutter, stürzte sich Marie Eleonore mit flatternden Schleiern auf ihre Tochter.

»Wie eine Eule, eine Unglückseule, sieht sie aus«, murrte Karl Gustav ingrimmig.

»Aber sie ist doch wunderschön, mit ihren Goldhaaren«, flüsterte die kleine Marie Euphrosyne ihm mahnend zu. »Und wie lieb sie Christine hat!«

»Sie hat lange gewartet, bis sie mit dieser Liebe zu ihrem Kinde kam«, dachte Karl Gustav zornig, aber er wagte nicht mehr, laut seine Meinung zu sagen.

Manche, die zum Empfang der Königin Mutter gekommen waren, schienen gerührt, wie sie nun ihre Tochter abküßte und dabei lachte, weinte, schluchzte: »Du mein Einziges, das mir von ihm geblieben ist, du mit seinen Haaren, seiner Nase, seinen Augen, o seinen Augen! Du mein Geliebtestes, schau, ich bringe den Vater mit zu dir.«

Christine jedoch verhielt sich steif und ablehnend in den Mutterarmen, und auch Karl Gustavs Eltern blickten unbewegt. Ja, es schien fast, als zögen sich Katharinas Mundwinkel verächtlich herab.

Karl Gustav war überzeugt, daß seine Mutter wie er empfand und dachte. Sie hatte als Oberhofmeisterin für die Königin, ihr Gefolge und erlesene Gäste im Speisesaal der Gemächer Marie Eleonores festlich zur Begrüßung decken lassen. Karl Gustav durfte noch nicht mit an der Tafel teilnehmen. Er war nicht gekränkt darüber. Diese wunderschöne Frau Königin hatte ihm schon mißfallen, als er erst ein vierjähriger Bub gewesen.

Geradezu einen Abscheu bekam er vor ihr, als er am andern Morgen erfuhr, wie es an diesem Abend zugegangen war. Noch schmaler, noch zerbrechlicher als sonst erschien ihm Christine, als sie pünktlich um fünf Uhr zum Ausritt in den Hof trat. Sie sah müde aus, hatte dunkle Schatten unter den Augen.

»Bist du krank?« fragte Karl Gustav besorgt. Sogar seinen Jungenaugen war ihr ermattetes Aussehen aufgefallen.

»Ich hab nicht geschlafen«, antwortete sie knapp, »doch das ist nicht schlimm. Ich brauche nicht viel Schlaf.«

»Willst du nicht lieber heute hier bleiben?« schlug Karl Gustav vor.

»Nein«, erwiderte sie heftig. »Gerade heute will ich hinaus ins Freie aus diesen dumpfen, stickigen Räumen. Wahrscheinlich wird das für lange Zeit das letzte Mal sein, daß ich mit euch ausreite. Die

Morgenstunden muß ich zum Lernen benutzen. Tagsüber muß ich ja immer bei der Alten sein.«

»Bei der Alten?« fragte Karl Gustav verwundert. »Wen meinst du damit?«

Sie zuckte spöttisch lachend die Achseln, sprang in einem Schwung allein aufs Pferd und galoppierte zum Tor hinaus bergab.

Sie hielt dies schnelle Tempo nicht lange durch. Sobald sie im Wald waren, hielt sie an. »Wir wollen hier Rast machen«, befahl sie. »Karl Gustav, setz dich neben mich. Das Gras ist zwar noch etwas feucht, aber schön weich. Sven, paß Er an der Wegbiegung auf. Ich möchte nicht von irgendeinem Gefolge eingeholt werden, das man uns am Ende vorsorglich nachgeschickt hat. Na, die Alte schläft bis gegen zehn Uhr und frühstückt dann im Bett.«

»Von wem sprichst du eigentlich?« fragte Karl Gustav noch einmal.

»Stell dich nicht dümmer an, als du bist«, spottete Christine, »natürlich von diesem hysterischen Frauenzimmer, das leider meine Mutter ist.«

»Aber Christine, kennst du das vierte Gebot nicht?« entrüstete sich Karl Gustav.

»Natürlich habe ich es gelernt, Karlchen«, antwortete sie überlegen. »›Du sollst deinen Vater und deine Mutter ehren.‹ Kann ich denn dieses Weib ehren? Kann ich sie lieben, die mich ebenso wenig liebt wie ich sie? Da leckt sie mich als ihr Einziges, was ihr geblieben ist, mit feuchten Küssen ab, und eine Stunde danach jammert sie, daß sie keinen schönen, kräftigen Sohn hat, sondern solch ein häßliches, mickriges Mädchen wie mich. Eine Qual ist das, mit ihr stundenlang in dem dumpfen, nach ihrem Parfüm stinkenden Saal bei Tisch zu sitzen, das ekelhafte Zuckerwerk hineinstopfen, den klebrigen, süßen Wein trinken zu müssen und diese widerlichen Zwerge um sich her Purzelbäume schlagen zu sehen und kreischen zu hören.

Am gräßlichsten ist, daß ich mit ihr und von ihr eng umschlungen in einem heißen Bett schlafen muß. Und das Allerärgste, das Entsetzlichste, Schauerlichste, das – das kann ich dir gar nicht sagen.«

Sie schüttelte wild den Kopf. Ihr schmächtiger Körper bebte.

Karl Gustav legte seinen kräftigen Jungenarm um sie.

»Mir kannst du immer alles sagen«, beruhigte er sie. »Ich bin doch für dich da. Ich habe es deinem Vater gelobt.«

»Du kannst mir jetzt auch nicht helfen. Du bist noch nicht erwachsen«, murmelte sie an seiner Schulter.

»Aber du kannst mir das Allerärgste anvertrauen«, ermutigte er sie, »dann wird es dir leichter.«

Sie zögerte, drückte sich enger an ihn. Ganz dicht an seinem Ohr flüsterte sie: »Meines Vaters großer schwarzer Sarg steht neben unserm Bett. In einer goldenen Kapsel hängt sein Herz an einem Bettpfosten. Sie sagt, dann hätten wir ihn immer bei uns.«

Christine löste sich aus Karl Gustavs Umarmung, richtete sich auf und blickte ihn sehr ernst an. »Hat man mir nicht gesagt, Gott hätte ihn zu sich in den Himmel geholt? Stimmt das denn nicht?«

»Natürlich stimmt das«, versicherte Karl Gustav eifrig. »Nur unser Leib bleibt hier auf der Erde und wird nach Gottes Willen wieder zu Erde werden. Wir selber kehren zurück zu Gott. Das hat mir mein Herr Vater erklärt. Gott hat dem frommen König Gustav Adolf das Tor der himmlischen Ehrenburg weit geöffnet.«

Christine kniete vor dem im Grase lang ausgestreckten großen Jungen. Sie faßte ihn mit ihren schmal wirkenden Händen sehr hart an beiden Schultern.

»Glaubst du das?« fragte sie eindringlich.

»Natürlich glaube ich, wie dein seliger Vater fest daran glaubte«, antwortete er ernst und schaute sie mit seinen aufrichtigen Augen offen an.

»Glaubst du alles, was wir jeden Sonntag in der Kirche anhören müssen?« drängte sie weiter in ihn, »was wir von Pastor Johann Matthiae in unserer Religionsstunde lernen?«

»Natürlich!« versicherte Karl Gustav.

»Verstehst du denn alles?« forschte sie weiter.

Karl Gustav runzelte nachdenklich die Stirn, überlegte und antwortete dann bedächtig und langsam: »Der Reformator Martin Luther – oder war es der andere große Gottesmann, durch den mein Vater die reine Lehre erhielt – Calvin hieß er – nun, das tut nichts zur Sache, wer es gesagt hat – der hat das so erklärt: Wenn ich eine Stelle in der Heiligen Schrift nicht verstehe, so nehme ich ehrfürchtig den Hut davor ab und wende mich der nächsten zu.«

Christine schürzte die Lippen.

»Dann müßte ich wohl am besten den Hut in der Hand halten«, meinte sie.

»Ich will dich anders fragen«, fuhr sie fort, »wer weiß, wann ich von jetzt ab Gelegenheit habe, dich so ungestört und unter vier Augen zu sprechen, also antworte mir sehr ernsthaft und ehrlich.«

»Ich lüge nie«, erwiderte Karl Gustav stolz.

»Ich auch nicht«, stimmte sie zu. »Darum würde ich nie beteuern, daß ich alles glaube, was man mir in der Kirche und der Religionsstunde erzählt. So, und nun frage ich dich das Wichtigste: Kannst du beweisen, was du glaubst: die Auferstehung, die Vergebung der Sünden, die Geburt Jesu, seinen Kreuzestod, kurzum, den ganzen christlichen Glauben, Gott selber? Kannst du ihn beweisen?«

Karl Gustav starrte das schmächtige Kind an. »Glauben, das ist doch gerade das für wahr halten, was man nicht sehen kann«, erwiderte er langsam.

Christine sprang auf, reckte sich und blickte stolz gen Himmel: »Ich glaube nur, was ich beweisen kann«, rief sie bestimmt. »Ich werde die schwierigsten Rechenexempel lösen können. Ich werde mir später, wenn ich es anordnen kann, einen Turm auf dem Schloß bauen lassen und werde dort oben die Sterne beobachten. Ich kann ihren mathematisch genauen Gang berechnen. Siehst du, das ist Wahrheit! Ich habe schon meinen Lehrer, den klugen Johann Matthiae gebeten, mich mehr in Mathematik als in Religion zu unterrichten. Der Gute war natürlich entsetzt, so wie viele über mich entsetzt oder verwundert sind. Doch niemand wird mich aufhalten auf meinem Weg. Ich werde groß werden, und keiner kann mich dann noch hindern, nur das zu glauben, was ich beweisen kann. Ich will die Wahrheit, nur die Wahrheit.«

»Christine!« schrie Karl Gustav auf und sprang nun auch selber auf die Füße. »Dein Name sagt es doch schon, du bist eine Christin, du bist die Tochter Gustav Adolfs, eine protestantische Christin!«

»Glaubst du das?« fragte Christine mit einem rätselhaften Lächeln.

Karl Gustav sieht es heute noch vor sich, dies unergründliche Lächeln. Sie wollte die Wahrheit finden. Sie sucht sie jetzt noch. Arme Christine, damals und heute noch ein armes bedauernswertes Kind. Kennt sie nicht die Worte des Herrn Jesus Christus: »Ich bin der Weg, die Wahrheit und das Leben«? Hat er nicht auch gesagt: »Die Wahrheit wird euch frei machen«?

Auch er, Karl Gustav, will frei werden. »Herr, mach mich frei!« betet er, »frei von Christine!«

Die schwere Zeit

Die Jahre nach der Rückkehr Marie Eleonores nach Schweden waren sehr schwer für Christine und dadurch auch schwer für Karl Gustav, der sich als ihren Beschützer und durch das Gustav Adolf gegebene Versprechen verpflichtet und an sie gebunden fühlte. Er sprach zwar zu niemand davon, auch nicht zu seinen Eltern, die sich freuten, daß ihr ältester Sohn schon so früh ein gesetztes, ernstes, würdevolles Wesen zeigte.

»Über Karl Gustavs Entwicklung können wir befriedigt und dem Herrn dafür dankbar sein«, hörte er einmal seine Mutter zu seinem Vater sagen, »er ist nicht überragend begabt, aber doch klug, rechtschaffen und von großem Verantwortungsgefühl. Christine jedoch macht mir Sorge. Sie ist überklug, als ein Wunderkind wird sie in ganz Europa bezeichnet. Eigentlich ist sie in ihrer Art zu sprechen, sich zu benehmen, in allen Wissenschaften und soundsoviel Sprachen bewandert zu sein, gar kein Kind mehr, urteilt die Welt, und einesteils stimmt das. Aber ich halte sie trotzdem für ein bedauernswertes, hilfloses Kind. Und ich kann ihr nicht helfen. Sieh sie dir einmal an! Sie wird immer magerer, immer blasser, geradezu durchsichtig ist ihr schmales Gesicht. Sie verfällt uns geradezu vor unsern Augen. Und wir können nicht eingreifen. Sie lag schon mehrmals krank zu Bett, völlig erschöpft, zusammengebrochen. Was geschieht mit ihr? Sie bekommt Aderlaß, Klistiere, wird dadurch noch schwächer, und zur Stärkung gibt man ihr dann Schnaps mit Pfeffer, wovon sie Magenkrämpfe bekommt. Ich selber kann nicht zu ihr gelangen. Marie Eleonore verwehrt es mir mit ihrem süßen Lächeln oder faucht meist wie eine gereizte Wildkatze.«

Karl Gustav hörte mit vor Entsetzen geweiteten Augen zu. In ihrem Jammer hatte die Mutter nicht auf seine Anwesenheit geachtet. Der Vater hatte nachdenklich den Kopf gestützt und blickte vor sich hin. Erregt fuhr die Pfalzgräfin fort: »Mir als Oberhofmeisterin wird man auch Vorwürfe machen, daß die junge Königin so unordentlich, verwildert herumläuft. Doch sie wehrt sich, will nicht gekämmt werden. Zweimal in der Woche das Gesicht waschen wäre genug, behauptet sie. Tintenflecken an den Händen, verschmutzte Kleider, unsaubere Hemdkrausen, ungepflegte Hände. Vor einigen Tagen schaute sie kurz verstohlen bei uns herein, bewunderte wie so oft unsere Marie Euphrosyne, an der sie besonders hängt.

›Ich liebe alles Schöne‹, sagte sie wie entschuldigend. ›Mariechen ist reizend.‹

Und wieder antwortete ich ihr: ›Du wärst ebenso reizend, wenn du dich recht pflegtest, kleidetest.‹

›Hab keine Zeit dazu‹, rief sie mir schon von der Türe her zu und schlüpfte hinaus. Welch ein Leben führt sie bei dieser geistesverwirrten Mutter, die sie am Tage kaum von sich läßt und sie dadurch zwingt, in ihrem Lerneifer und Wissensdurst nachts zu arbeiten. Es wurde mir von einer der Mägde zugetragen, daß Christine, die Königin Christine, sogar geschlagen wird, auf Befehl ihrer Mutter, die sie in einem Atemzug abküßt, leidenschaftlich an sich preßt, und wiederum Scheusal, Monstrum schilt.«

Der Pfalzgraf seufzte tief. Karl Gustav hatte Tränen in den Augen. Er mußte sich einfach zu Christine durchkämpfen, beschloß er in jener Stunde, ja und wenn er selbst geschlagen werden sollte. Er würde sich schon zu wehren wissen. Er würde kämpfen, wie er Gustav Adolf gelobt hatte, kämpfen für Schweden und Christine.

Während er jetzt, etwa eineinhalb Jahrzehnte danach, sich daran zurückerinnert, preßt er die vollen Lippen zornig zusammen. Immer hat man ihn für Christines Hündchen gehalten und hält ihn auch heute noch dafür. Als den guten Tolpatsch, den Dummling, der ihr treu nachtrottete, sich an sie hing wie eine Klette, den sie selbst noch beim Abschied gutmütig spottend ihren »ewigen Freier« genannt hat. Mag diese Gedenkmünze mit der Inschrift »Von Gottes und Christines Gnaden« nicht auch noch dazu beitragen, ihn als lächerliche Figur hinzustellen?

Niemand, auch Christine nicht, weiß, daß er nicht der gutmütige Taps ist, der ihr blind gehorcht, daß er niemals nach der Königskrone trachtete, wie er ihr selber oft beteuert hat, daß sein Vater ihn wohl für das Amt eines Regierenden erzogen hat, nicht aber dafür intrigierte, ihm auf den Thron zu verhelfen.

66

Warum hat er sich Christine gegenüber so verhalten? Er kann es selber noch nicht sagen, ob er sie wirklich liebt, so liebt wie ein Bräutigam die Braut lieben sollte, ob es nur Mitleid, der Drang zum Beschützen war. Aber das kann er beschwören: er hat so gehandelt, handeln müssen, weil er das Versprechen, daß er Gustav Adolf als Kind gegeben hat, halten mußte, daß ihm dieses Versprechen heilig war wie ein Vermächtnis.

An jenem Tag, als er seiner Mutter Klagen gelauscht hatte, war es ihm gelungen, Christine zu treffen und ohne Zeugen zu sprechen. Er hat es wohlüberlegt und vorsichtig angefangen. Am Tage wäre es zu riskant gewesen, in jenen Flügel des Schlosses vorzudringen, wo sie jetzt bei ihrer Mutter wohnte. Entweder war sie dann in Gesellschaft dieser Frau, die seinen Abscheu mehr und mehr erregte, inmitten der widerlichen Zwerge, Hofnarren und Pudel. Oder wenn er sie im ehemaligen Studierzimmer ihres Vaters aufsuchte, das sie zu ihrem eigenen gemacht hatte, störte er vielleicht bei einer Unterrichtsstunde, die Pastor Matthiae ihr erteilte, oder er lief einer der albernen Hofdamen oder einer der vierschrötigen Mägde der Königin-Mutter in die Hände.

Nun, er würde sich von diesen Weibern nicht schlagen lassen. Die sollten es nur wagen! Dann bekämen sie seine Fäuste zu spüren. Doch sein Ziel, mit Christine zu sprechen, hätte er dann doch nicht erreicht.

Er fing es anders an. Mit Müh und Not verzichtete er auf seinen gesunden Jungenschlaf, hielt sich krampfhaft wach. Als es sehr still im ganzen Schloß geworden war, schlich er hinaus, um den großen Bau herum, bis er zu den Fenstern des Studierzimmers hinaufschauen konnte. Ja, da flackerte eine Kerze. Christine war auf, hatte sich aus den Armen ihrer Mutter gelöst, hatte das muffige dunkle Schlafgemach verlassen und saß hinter ihren Büchern. Vorsichtig wie ein Dieb kehrte Karl Gustav ins Schloß zurück, eilte so leise wie möglich die Treppe hinauf, durch die langen, hallenden Gänge, trat bei Christine ein.

Sie erschrak nicht, hob den Kopf, kehrte sich gelassen um und fragte erstaunt: »Was willst du denn hier? Ist das so wichtig, daß du mitten in der Nacht hier eindringst?« meinte sie mit überlegenem Lächeln.

»Bei Tage treffe ich dich nie allein«, stieß er noch außer Atem hervor. »Ich wollte dich nur fragen, ob du denn gar nicht mehr mit mir und dem alten Sven ausreiten willst.«

Sie ließ die Feder sinken, blickte zu dem geöffneten Fenster hin. »Es wäre schön, wieder einmal in der frischen Luft zu sein und auf dem Rücken meines Schimmels. Du allein hast ihn ja seither besteigen dürfen, damit er Bewegung hat. Ich weiß, du liebst ihn auch und bist ein guter Reiter.«

Sie stützte den Kopf auf die linke Hand, fuhr sich durch die wirren Haare. »Ich möchte schon«, überlegte sie. »Doch wie soll ich es machen? Warte, am Samstagmorgen möchte es gehen. Da bereitet der ehrwürdige Johann Matthiae seine Sonntagspredigt vor und kommt nicht zum Unterricht. Sie hat das in ihrem Hohlkopf kaum begriffen, und ich kann an dem freien Morgen dann hier allein sitzen und lesen, schreiben, lernen. Dafür kann ich eine oder zwei Frühstunden opfern. Sonntags geht es erst recht nicht. Da ist morgens der langweilige Gottesdienst, und am Nachmittag spielt sie mal wieder trauernde Witwe und läßt sich stundenlang von ihren Hofdamen aus Bibel und Gesangbuch vorlesen. Das muß ich mit aushalten. Also – bis übermorgen früh, Karlchen. Bist ein guter Junge.«

Das klang recht gnädig von oben herab, und diese königliche »Güte« hätte Karl Gustav beinahe verstimmt. Doch er wollte nicht darüber nachdenken, sich nicht kränken, sondern nur freuen!

Solch prächtiger Sommertag war, als sie in der Frühe zum Tore hinausritten. Am liebsten hätte Karl Gustav gesungen und gepfiffen. Er ließ seinen Braunen allerlei Kapriolen machen, schaute immer wieder zur Seite, ob Christine seine Reiterkünste nicht würdigte, und war verblüfft, daß sie solch herbes Gesicht machte. Es schien, als wenn sie die Zähne zusammenbisse. Es fiel ihm ein, daß sie in jener Nacht so todmüde ausgesehen hatte. Nun, da war er auch rechtschaffen schläfrig gewesen. Freute sie sich denn nun gar nicht an dem Ritt durch die frische Morgenluft?

Sie gelangten in ein Birkenwäldchen. Christine hielt ihr Pferd an. »Wir wollen absteigen und hier ausruhen«, befahl sie. »Ich kann nicht mehr.«

Karl Gustav gehorchte sofort, bot ihr die Hand, ihr hinabzuhelfen.

»Hast du denn das Reiten verlernt?« fragte er betroffen. »Das ist doch kaum möglich.«

Sie warf sich bäuchlings auf das Gras.

»Was soll das nun wieder?« verwies er sie väterlich gönnerhaft. »So sitzt man doch nicht!«

»Nein«, antwortete sie kühl, »so sitzt man nicht, wenn man seine Sitzfläche nicht voller Striemen hat, die beim Sitzen schmerzen und beim Reiten erst recht.«

»Striemen, woher hast du die denn?« fragte Karl Gustav verständnislos.

»Von den Schlägen mit einer kräftigen Rute, die mir eine der derben Mägde der Königin-Witwe auf den Befehl meiner Mutter verabreicht hat.«

»Du bekommst Schläge von einer Magd – die Königin befiehlt es?« stammelte Karl Gustav.

»Ja«, versicherte Christine spöttisch, »und sie hat ein süßes und sehr boshaftes Lächeln dabei, wenn sie mir Schmerzen zufügen kann, und einen Grund zum Strafen findet sie immer. Ich mag ihr fettes Essen, ihre Süßigkeiten nicht, will Wasser anstatt Wein trinken – ach, so allerlei Missetaten gibt es da!«

»Das ist nicht möglich! Ich dulde es nicht!« rief Karl Gustav empört. »Ich will dir helfen.«

»Das kannst du nicht«, antwortete Christine sanft, »niemand kann mir helfen. Ja, wenn mein Vater noch lebte!«

»Der himmlische Vater, Gott, kann dir helfen«, sagte Karl Gustav ernst.

»Hat dieser Gott nicht befohlen: ›Du sollst Vater und Mutter ehren‹? Hast du mir das nicht selber vorgehalten?« erwiderte Christine spöttisch.

»Und doch will Gott nie und nimmer, daß Kinder mißhandelt werden, und er wird dir helfen«, beharrte Karl Gustav.

Es war ein trauriger Ritt zum Schloß zurück. Bekümmert beobachtete Karl Gustav von der Seite, wie Christine sich krampfhaft aufrecht hielt, die Lippen zusammenpreßte.

»Er wird helfen!« sagte er ihr mit festem Händedruck beim Abschied. Und dann war er gar nicht mehr tapfer und männlich.Er stürzte sogleich in der Mutter Zimmer, kniete vor ihr nieder und weinte sich in ihrem Schoß aus.

»Er wird helfen«, tröstete sie auch.

Und Christine wurde geholfen. Oxenstierna kehrte endlich aus Deutschland zurück. Er war der Vorsitzende des Vormundschaftsrates, der nach Gustav Adolfs Testament dafür verantwortlich war, daß seine Tochter in wahrhaft königlichem Geist erzogen würde.

Oxenstierna und Karl Gustavs Vater waren seit Jahrzehnten Gegner gewesen. Doch nun mußten alle eigenen Interessen zurücktreten. Der Pfalzgraf und seine Gemahlin berichteten dem mächtigen Reichskanzler von den unhaltbaren Zuständen am Hofe Marie Eleonores. Der Reichsrat, der alsbald einberufen wurde, beschloß sogleich, daß Christine von ihrer Mutter getrennt, erlöst wurde.

»Es ist entsetzlich«, sagte die Pfalzgräfin Katharina am Abend dieses Tages, »ein Kind, das nicht trauert, wenn es seiner leiblichen Mutter entrissen wird, das erlöst aufatmet, wenn diese Mutter in ein anderes Schloß verbannt wird! Wie wird sich ein solches Kind entwickeln, das ohne Mutterliebe aufwächst?«

»Wir haben sie doch alle lieb«, rief die kleine Marie Euphrosyne.

»Gewiß, sagte Katharina, »aber nichts gleicht Mutterliebe. Das beweist sogar das Wort der Heiligen Schrift: ›Ich will euch trösten, wie einen seine Mutter tröstet.‹ Gott und die Mutter, das sind die besten Tröster. Christine hat keine Mutter, keinen Vater mehr. Möge ihr Gott der Herr beides sein.«

Ach, die Pfalzgräfin wußte ja nicht, wie fern Christine davon war. Karl Gustav sprach nicht davon. Er hoffte damals noch, daß alles, alles gut würde. Er, der himmlische Vater, hatte ja geholfen. Die schwere Zeit war zu Ende.

Alles wird anders

Eine neue Zeit brach für die nunmehr zehnjährige Christine an. War es eine schönere Zeit? Karl Gustav prüft ernsthaft seine Erinnerung daran.

Gewiß war es besser für Christine, aber schöner, fröhlicher, wie er auch für sich erhofft hatte, wurden die folgenden Tage, Wochen, Monate nicht.

Die Königin Marie Eleonore war in das Schloß Gripsholm übergesiedelt. Sie hatte es durchaus nicht ungern getan. Das düstere, kalte Schloß Drei Kronen zu Stockholm war ihr immer zuwider gewesen. Gripsholm war ihr lieber. Es war heller, lag nah dem Strande, und sie würde deutsche Handwerker kommen lassen, um es zu einem prächtigen Palast ausbauen zu lassen. Endlich konnte sie schalten und walten, wie sie wollte. Sie hatte mit dem Kanzler, der ihr den Beschluß des Reichsrates so schonend wie möglich hatte mitteilen sollen, eine hübsche Summe Geld ausgehandelt. Karl Gustavs Vater, der einst als geiziger Finanzminister vom schwedischen Adel verschrien worden war, hatte entrüstet den Kopf geschüttelt, als er erfuhr, wieviel gute schwedische Reichstaler sie durch ihre schönen weißen Hände gleiten lassen würde.

Karl Gustav war die Hauptsache, daß Christine nun nicht mehr in der Gewalt dieser geistig verwirrten Frau war. Sobald er es hörte, war er zu Christine geeilt und war ungestüm in ihr Studierzimmer gestürmt. »Siehst du, Christine«, hatte er strahlend gerufen, »der himmlische Vater hat doch geholfen. Freust du dich?«

Christine hat sich langsam zu ihm hingewandt, hatte ihn mißbilligend und sehr beherrscht von oben bis unten gemustert.

Er hatte jäh gestockt, hatte sich dieses Freudenausbruches geschämt. Wie konnte er nur so jubeln? »Entschuldige«, hatte er gestammelt, »sie ist immerhin deine Mutter, und sie darf dich nur dreimal im Jahr oder wenn du schwer erkrankt bist, sehen.«

Christine lachte höhnisch auf. »Dann kann sie mit ihrem faulen Hin – ach, ich darf bei dem braven Karlchen ja meine beliebten Kraftausdrücke nicht brauchen –, also die gnädige Frau Mutter braucht mich auch nicht zu besuchen, wenn ich die Cholera oder Pest habe, und ihr werdet so wenig wie mir daran liegen, daß wir dreimal im Jahr Höflichkeiten austauschen. Mag sie mit ihren scheußlichen Zwergen, ihren Hofnarren, ihren albernen Hofdamen, der ganzen Bagage meinethalben hingehen, wo der Pfeffer wächst. Wenn ich sie bloß nicht mehr hier ertragen muß.«

Karl Gustav schaute das schmächtige blasse Mädchen fassungslos an. So sprach Christine von ihrer Mutter.

Sie bemerkte sein Entsetzen. »Glotz mich nicht so dämlich an!« fuhr sie ihn an. »Soll ich etwa die trauernde Tochter spielen, wie dieses irrsinnige Weib zur Zeit noch die trauernde Witwe darstellt?«

Doch dann wurde sie plötzlich sanft, trat auf ihn zu und griff ihm in seinen dichten Haarschopf. »Bist mein treuer Freund und Vetter!« lobte sie, »und ich will dir auch etwas vermelden, was dich gewiß freuen wird. Ich werde wieder regelmäßig reiten, und du sollst mich begleiten. Ich habe mit Oxenstierna eine sehr vernünftige Unterhaltung geführt und meinen zukünftigen Stundenplan besprochen. Marie Eleonore schalt immer über ihn, wogegen meine Kraftausdrücke noch liebliches Gesäusel sind. Wahrscheinlich war sie eifersüchtig auf ihn, da er meines Vaters Vertrauter und ständiger Begleiter war. Er hat sie auch oft zurechtgewiesen und daran gehindert, meinem armen Vater bis aufs Schlachtfeld nachzulaufen und ihm noch lästiger zu werden, als sie es sowieso schon war.«

»Oxenstierna verstand sich auch nie mit meinem Vater«, berichtete Karl Gustav bedächtig.

»Sie werden wohl auch eifersüchtig aufeinander gewesen sein«, meinte Christine trocken.

»Jetzt kann es aber keine Eifersucht mehr sein, nachdem König Gustav Adolf gefallen ist«, überlegte Karl Gustav. »Es geht um meiner Mutter Brautschatz. Er soll sehr groß gewesen sein und ist nicht ganz in barer Münze ausbezahlt worden. Dafür sollte ihr Stegeborg gehören. Mein Vater verlangte nach des Königs Tod, daß ihm dieser Besitz bestätigt und die Erbrechte unserer Familie auf den schwedischen Thron anerkannt würden. Das verhinderte Oxenstierna, und mein Vater ist darüber recht verbittert und will alle seine Ämter niederlegen und sich mit uns vom Hof zurückziehen.«

»Ach was!« sagte Christine und machte eine ihrer herrscherlichen

Handbewegungen. »Darüber soll sich der gute Oheim nicht grämen. Wenn ich achtzehn Jahre alt und der Vormundschaft entwachsen bin, werde ich das schon mit Stegeborg in Ordnung bringen. Natürlich gehört es euch, und das Anrecht auf den schwedischen Thron habt ihr sowieso.«

Der Vierzehnjährige strahlte auf. Ja, es war doch beschlossene Sache, daß er in einigen Jahren Christine heiraten würde. Warum grämte sich der Vater über Probleme, die bereits gelöst waren?

»Und nun, laß mich allein«, befahl Christine. »Von morgen ab werde ich von Oxenstierna persönlich in Staatskunde, römischem Recht, schwedischen Gesetzen und der Geschichte unseres Landes unterrichtet werden. Ich habe hier einige Bücher, durch die ich mich darauf etwas vorbereiten will.«

Jetzt nach vielen Jahren ist Karl Gustav verärgert, daß er sich – wirklich wie ein dummer Junge, wie Christines ergebener Diener verabschieden ließ. Doch an jenem Abend empfand er sich gar nicht als gedemütigt. Er war immer noch voller Freude. Er mußte sich eben darein finden, daß Christine viel lernen würde und dabei ungestört sein wollte. Aber später würde sie ihn heiraten. Und vorläufig würde sie wenigstens wieder mit ihm ausreiten, er würde ihr Vertrauter sein, und alles würde werden wie in den Tagen, ehe Marie Eleonore zurückgekehrt war. Es würde eine schöne Zeit werden.

Doch es kam anders, als Karl Gustav erhofft hatte. Es wurde nicht mehr, nie mehr wie früher.

Christine war nicht nur körperlich, sondern auch geistig gewachsen. Sie war – wenn auch nach Jahren noch ein Kind – erwachsen. Sie kehrte nicht mehr in die pfalzgräfliche Familie zurück, barg sich nicht mehr in den mütterlichen Armen ihrer Tante, verlangte nicht mehr nach den Ratschlägen ihres weisen Onkels. Wohl kam sie fast täglich, um ihren einzigen Familienangehörigen guten Tag zu sagen, und versprach ihrem Liebling, der reizenden Marie Euphrosyne, daß sie in wenig Monaten ihre Hofdame werden sollte.

»Die paar, die mir der Vormundschaftsrat, ohne mich zu fragen, als Hofdamen auserwählt hat, sind Töchter des vornehmsten Adels und dumme Kühe, die zu nichts gut sind, als mir abends das Bett vorzuwärmen, ehe ich hineingehe«, plauderte sie mit der zierlichen Kleinen. »Später darfst du das tun, Mariechen. Wir haben ja so lange miteinander in einem Bett geschlafen. Ich werfe dich dann nicht heraus wie die andern, wenn ich mich zur Ruhe begebe. Du brauchst nicht durch die kalten Gänge zitternd bis zu deinem eigenen Bett zu laufen. Ich lasse dir gleich neben meinem Schlafzimmer eines herrichten.«

Für sich selber hatte Christine neben dem Studierzimmer ihres Vaters Schlafgemach übernommen. Sie begab sich auch nachts nicht mehr in den Schutz der pfalzgräflichen Familie, nahm auch nicht mehr an der gemeinsamen Mittagstafel teil. Sie verlangte, daß man ihr einen Topf voll Hafer- oder Hirsebrei und ein Stück Brot in ihr Studierzimmer brächte. Es konnte ihretwegen etwas anderes sein. Ihr war ganz gleich, und sie achtete gar nicht darauf, was sie lesend oder schreibend hinunterschlang.

Nur der Samstag war ihr vom Vormundschaftsrat zur leiblichen Erholung vorgeschrieben worden, und dann ritt sie stundenlang, tollkühn und ließ bald wie früher das Gefolge abgehetzt und ermattet weit hinter sich. Nur Karl Gustav hielt neben ihr aus. Das machte ihn stolz. Er fühlte sich als ihr Beschützer. Und stolz und froh machte ihn, daß er ihr Vertrauter war, dem sie, wenn sie endlich Rast machten, freimütig alles erzählte, was ihr gerade durch den Kopf ging. Es fielen dabei zwar viele Namen, die er bisher nie gehört hatte, wie Kopernikus, Keppler, Galilei. Aber er schaute sie immer mit seinen treuherzigen Augen aufmerksam an, und sie lobte: »Ich bin sicher, daß du nicht alles verstehst, was ich so daherrede. Doch du bist ein vorbildlicher Zuhörer, wie ich ihn mir besser nicht wünschen könnte. Bei dir kann ich alles abladen.« Auch diese Bemerkung machte Karl Gustav froh. Dann fühlte er sich als künftiger Ehegemahl dieser schwierigen Christine, mit deren Eigenheiten er doch so vertraut war, daß er sicher war, mit ihr leben zu können.

Eines, eine Äußerlichkeit zwar, aber immerhin etwas Wichtiges, machte ihm zuweilen zu schaffen. Er klagte es eines Abends, als er allein mit ihr war, seiner immer so verständnisvollen Mutter, die hierfür wohl auch eher zuständig war als der Vater. »Seit Ihr nicht mehr für Christine sorgt, liebe Frau Mutter, weil sie ganz selbständig sein will und es sich in aller Liebe und Ehrerbietung verboten hat, ist es immer schlimmer mit ihr geworden«, berichtete er. »Auch unter Eurer Obhut sträubte sie sich schon gegen Waschen,

Kämmen, saubere Kleidung, und Ihr konntet Euch damit nicht durchsetzen. Aber jetzt ist sie geradezu verwildert. Meist reitet sie nicht nur in Männerkleidern, sie geht auch tagsüber meist in Hosen daher.«

»Sie hätte so gerne ein Mann, ihres Vaters ihm gleichender Sohn sein wollen. So erkläre ich das«, meinte Karl Gustavs Mutter seufzend. »Dagegen konnte ich nichts ausrichten. Der Wasa-Willen wie der Wasa-Zorn sind kaum zu unterdrücken.«

»Das ist am Ende noch nicht das Schlimmste«, fuhr Karl Gustav fort. »Aber schaut sie Euch einmal an, wenn Ihr sie in ihrem Studierzimmer aufsuchen würdet. Zweimal in der Woche sich waschen, einmal kämmen, das war schon früher ihr Wahlspruch. Doch jetzt ist es noch viel ärger. Ich glaube, sie besitzt keinen Spiegel, und wenn ich ihr einen schenkte, würde sie ihn mir vor die Füße werfen, und dabei behauptet sie, sie liebe alles Schöne. Da sollte sie sich einmal selber besehen, und sie könnte doch wirklich schön sein mit ihrem goldblonden Haar, ihren tiefblauen Augen, ihrer feinen Nase . . .«

Die Pfalzgräfin lächelte verstohlen. »Du hast sie dir anscheinend um so genauer angesehen«, meinte sie. »Du brauchst dir um dies ungepflegte Äußere keine Sorgen zu machen. Das ist bei manchen Mädchen so ein Übergangsstadium. In wenig Jahren oder gar nur Monaten wird Christine gerne und oft in den Spiegel schauen, wird sich putzen und pflegen lassen und wird schön sein wollen, wird auch schön sein als deine Braut, schön sein für dich.« Die Pfalzgräfin strich ihrem Sohn zärtlich über den Kopf.

Er war getröstet, hielt sich fernerhin an der Mutter Worte und machte Christine keine Vorhaltungen, und wenn sie noch so ungepflegt und unordentlich aussah.

Wieder sieht er sie in seiner Erinnerung vor sich, wie sie in Lederhosen, einem abgetragenen Wams neben ihm her galoppiert, daß die Haarsträhnen wirr unter dem Filzhut flattern. Schön war sie damals nicht. Doch die Mutter hat recht behalten.

Es kam eine Zeit, da sie sich schön machte, schön sein wollte. Aber nicht für ihn. Es wäre gut gewesen, für ihn selber gut, wenn er sich zu diesem Zeitpunkt von ihr hätte lösen können. Aber ihn band sein Versprechen, und sie selber ließ ihn nicht los.

Jahre des Wartens

Wenn König Karl X. Gustav so weit in seinem Rückerinnern gekommen ist, wird es ihm weh ums Herz, und er, der in Schlachten erprobte Kriegsmann, schämt sich nicht, sich über die Augen zu wischen. Es sieht ihn ja auch niemand auf dem Ritt durch den Wald.

Sein Vater war verbittert. Er hatte Gustav Adolf und mit ihm dem schwedischen Reich uneigennützig und gewissenhaft als Kriegsminister, Finanzminister, Reichsverweser gedient. Heimlich hatten die Adligen ihn schon damals als Geizhals, weil er so sparsam mit den Geldmitteln umging, verlästert, ihn einen Calvinisten gescholten, da er der Lehre des Reformators Calvin anhing. Nun aber wagten sie sich offen mit ihrer Mißgunst hervor, und Oxenstierna war es, der sie darin bestärkte.

Sein Vater hatte von ihnen keinen Dank für seine treuen Dienste erwartet, aber auch nicht solch schmählichen Undank. Noch nicht einmal den rechtmäßigen Besitz, das als Teil des Brautschatzes seiner Gemahlin ihm zustehende Stegeborg, wollten sie ihm gönnen. Nur als eine Art Leihgabe überließen sie es ihm. Was fruchtete ihm das Versprechen der noch unmündigen Christine?

»Ich habe es satt, mich täglich an Oxenstierna zu reiben, von grünen Edelleuten verächtlich behandelt, zum unchristlichen Zorn gereizt zu werden«, eröffnete er eines Abends seiner Familie. »Ich will mich aus dem öffentlichen Leben zurückziehen. Ich verlasse Stockholm und komme nur noch bei dringenden Anlässen hierhin.«

Die Pfalzgräfin nickte ihm zu. »Ich folge dir gern«, sagte sie, »so wie ich immer mit dir gegangen bin. Ich lege mein Amt als Oberhofmeisterin nieder. Christine braucht mich nicht mehr. Sie ist trotz ihrer Jugend selbständig geworden. Sie fühlt sich immer mehr als gebietende Herrscherin, und sie lehnt sogar meine mütterliche Fürsorge ab. Auch ich bin müde geworden, sehr müde.«

Karl Gustav blickte die Mutter bestürzt an. Sie hatte nie geklagt. Jetzt erst merkte er, wie verfallen und leidend sie aussah. Ob sie krank war?

Sie schüttelte auf seine besorgte Frage lächelnd den Kopf. »Nur müde bin ich, mein Sohn«, erklärte sie. »Wenn ich in der frischen Luft Stegeborgs bin, wo ich geboren bin, werde ich mich bald wie neugeboren fühlen.«

Ja, sie hatte wieder recht gehabt. Sie fühlte sich bald wie neugeboren, ging in ein neues, das ewige Leben ein.

Sie starb, als Karl Gustav noch nicht ganz sechzehn Jahre, ihr jüngster Sohn Adolf Johann erst neun Jahre alt war. Als die junge Königin Christine den Trauerfeierlichkeiten im Dom zu Strängnäs beiwohnte, wo Katharina beigesetzt wurde, saß sie streng aufrecht und beherrscht mit unbewegtem Gesicht neben dem Pfalzgrafen und Karl Gustav, doch ihre Augen waren verschleiert wie von ungeweinten Tränen. Karl Gustav blickte sie einmal verstohlen von der Seite an.

Was hatte ihm die Mutter zum Abschied sagen wollen? Mühsam hatte sie ihm die Hand auf den Kopf gelegt, als wollte sie ihn segnen. Dazu hatte sie – kaum hörbar – gestammelt: »Mein Sohn – ein schwerer Weg – Gottes Weg – gib acht – Christine – die Ehrenburg!«

Sollte das heißen, daß er auf Christine achtgeben sollte? War das ein zweites Vermächtnis ähnlich dem Gustav Adolfs? Sollte er Christine schützen? Oder sollte er sich selber in acht nehmen vor Christine? Sollte er sich selber schützen, damit er nicht von Gottes Weg abirre und zur Ehrenburg gelange? Am Sterbetag der Mutter nahm er an, daß sie ihn als Christines Beschützer betrachtete. Jetzt neigt er vielmehr zu der zweiten Annahme: Gib acht, daß dich Christine nicht zum Abirren vom rechten Weg verführt!

Karl Gustavs Vater bestellte für seinen jüngsten Sohn einen Hauslehrer nach Stegeborg, seinen ältesten sandte er zum Abschluß seiner Lehrjahre auf die Universität zu Uppsala.

Karl Gustav war seinem Vater dankbar dafür. »Ich werde nie ein Mann der Wissenschaften werden, das ist mir schon jetzt klar«, sagte er zu ihm. »Aber ich werde mein möglichstes tun. Ich darf doch meiner zukünftigen Gemahlin nicht gar zu sehr nachstehen, wenn ich auch schließlich Christines Weisheit nicht erreichen werde.«

Der alte Pfalzgraf hatte seinen grauen Bart bedachtsam gestrichen. »Sprich nicht von Christines Weisheit«, hatte er gemeint, »lobe meinetwegen ihr überreiches Wissen, ihre Kenntnisse, ihre erstaunliche Gelehrsamkeit. Aber nein, nein, weise ist Christine nicht. Man kann ein Genie, ein unerreichbar berühmter Gelehrter, Wissenschaftler sein und doch nicht weise. Schau, drüben der alte Schäfer, der dort seine Herde weidet, mit dem ich mich zuweilen unterhalte, der kann nicht lesen und schreiben, aber er ist weise. Vielleicht verstehst du mich jetzt noch nicht. Du wirst mir eher zustimmen, wenn du immer mehr erfahren, erleiden mußt, wie unklug, wie töricht Christine handelt. Der Herr schenke ihr zu all ihrem Wissen noch die rechte Weisheit, deren sie als Königin bedarf, und dir rate ich nach den Worten des Jakobusbriefes zu handeln: ›Wenn aber jemandem unter euch Weisheit mangelt, der bitte Gott, der da gern gibt jedermann und allen mit Güte begegnet, so wird ihm gegeben werden‹!«

Karl Gustav hat später oft an diese Worte seines Vaters gedacht. Wie töricht, unklug hat Christine bereits mehrmals gehandelt, und wie unbedacht wird sie sich jetzt in der Ferne betragen! Er kann sie nicht mehr behüten, kann ihr nicht mehr zur Seite stehen. Er hat sein möglichstes getan. Nun kann er sie nur noch dem himmlischen Vater befehlen, daß er sie vor Schlimmem bewahre.

Christine nahm es beifällig auf, daß Karl Gustav die Universität Uppsala beziehen würde. »Uppsala ist nicht weit von Stockholm«, meinte sie. »Ein guter Reiter wie du wird rasch hier sein. Wir brauchen unsere Samstagsausflüge darum nicht aufzugeben. Zudem werde ich während der schönen Sommermonate an den Hof nach Uppsala übersiedeln. Wenn das Schloß dort, in dem einst Könige gekrönt wurden, auch noch älter ist als Drei Kronen, so gefällt es mir doch viel besser. Die Luft ist reiner dort als hier. Wir werden an der Fyrisån entlangreiten in das weite fruchtbare Land hinein. Weißt du schon, daß hier in Fyrisvall schon vor fast tausend Jahren gekämpft wurde und 983 Stegebjörn Schlacht und Leben verlor. Ja, lieber Vetter, so bin ich auch in schwedischer Geschichte so gut wie in der römischen und griechischen bewandert. Du mußt eifrig studieren und ein paar Stunden deines urgesunden Schlafes opfern, um mir an Weisheit gleichzukommen.«

»Das bezweifle ich, und wenn ich mir auch nur wie du drei Stunden Ruhe gönnte«, erwiderte Karl Gustav gelassen.

»Du meinst, so viel Weisheit könntest du nicht erlangen«, forschte sie vergnügt und sichtlich geschmeichelt.

»Das meine ich durchaus nicht«, erwiderte er, »aber Weisheit läßt sich auch durch das eifrigste Studium nicht erlangen. Gelehrsamkeit schließt nicht Weisheit ein.«

Christines Augen blitzten auf. Wollte der Wasa-Zorn in ihr auflodern? Doch dann beherrschte sie sich, lachte ein etwas gezwungenes, grelles Lachen. »Sieh da, Karlchen wird geistreich«, spottete sie. »Nun freue ich mich erst recht auf unsere Gespräche während unserer Ausritte.«

Sie reiten zusammen Samstag für Samstag, durch zaghaft aufblühenden Frühlingsblust, durch reifende Kornfelder, durch herbstlich gefärbte Wälder, durch Schnee und Eis. Sie scheuen kein Wetter. Sie lachen zusammen, Karl Gustav hört verständnisvoll und im Grunde doch ohne viel zu verstehen zu, wenn Christine von ihren Studien, ihren neuen Erkenntnissen berichtet. Er teilt ihre Empörung, als sie ihrer Mutter ungeheure Schuldenlast aus eigenen Mitteln tilgt, nachdem der Reichsrat sie, die erst Vierzehnjährige, beauftragt hat, die wirrköpfige Frau zu ermahnen. Aber nicht nur ihre Verschwendungssucht, sondern auch ihre landesverräterischen Beziehungen, ihren Briefwechsel mit dem Dänenkönig ihr vorzuhalten. Er steigert sich mit ihr in ohnmächtigen, gerechten Zorn, als Marie Eleonore sich am Strande von Gripsholm von einer dänischen Bark abholen läßt und in das Land des Erbfeindes flieht.

»Ach, Karlchen, wen hätte ich ohne dich, der mir, ohne daß er mich mit allerlei Einwänden und Belehrungen unterbricht wie Oxenstierna, so brav zuhört, bei dem ich alles abladen kann«, lobte Christine.

Karl Gustav hatte gerade seine drei Jahre Studienzeit beendet. Ein jeder, der das Paar miteinander hoch zu Roß sah, hielt den stattlichen jungen Mann für Christines Verlobten. Das Volk betrachtete das Paar wohlwollend, würdigte ihn als Sohn der Schwester Gustav Adolfs. Der Adel erkannte ihn nicht als Wasa-Sproß an, spottete seiner als Pfälzer, Wittelsbacher, Ausländer. Doch was kümmerte es ihn, wenn Christine »Ja« zu ihm sagte!

»Wann heiraten wir?« fragte er sie.

Christine lachte hellauf. »Ach Karlchen, ich bin doch noch viel zu jung, erst 16 Jahre.«

»In vielen Fürstenfamilien werden die Ehen viel eher geschlossen«, wandte er ein.

»Aber nicht bei uns«, widersprach sie.

Karl Gustav war enttäuscht. Sie faßte nach seiner Hand, ihr Lächeln war sehr zärtlich, verzaubernd. »Ich verspreche dir, Karl Gustav, wenn ich heirate, dann niemand anders als dich.«

Und damit mußte der Zwanzigjährige sich bescheiden.

Die große Enttäuschung

Warten, immer nur warten, das ist nichts für einen kräftigen gesunden jungen Mann. Und als einzige Belohnung dafür samstags mit Christine ausreiten, ihr zuhören, von ihr geneckt, von oben herab behandelt und dann wieder mit ihrem unvergleichlich reizvollen Lächeln gnädig belohnt werden!

Karl Gustav wundert sich jetzt, schämt sich, das so lange geduldig ausgehalten zu haben. Es stimmt wirklich, dies ihn herabsetzende, andere zum Lachen reizende »von Christines Gnaden«. Ein dummer, einfältiger Trottel ist er gewesen.

Er beriet mit seinem Vater. Nach drei Jahren Uppsala und den Jahren der Unterweisung von seinem erfahrenen Vater ist er wohl genügend in Staatskunde, Gesetzen und Allgemeinwissen bewandert, um einer Königin würdig zur Seite stehen, sie unterstützen, vertreten zu können. Doch Christine will noch nicht heiraten. Soll er ins Blaue hineinwarten, ein Faulenzerleben führen wie so viele adlige Herren?

Das liegt ihm noch weniger als weiter studieren, ein Bücherwurm werden. Es bliebe noch, sich der Landwirtschaft zu widmen, sich auf dem ererbten Besitz, der großen, fruchtbaren Insel Öland mit ihren weiten Feldern und Pferdekoppeln, zu betätigen.

Doch auch danach verlangt es ihn nicht und wäre ihm als Gemahl der Königin von geringem Nutzen. In Dänemark war die dauernd glosende Flamme des Krieges wieder aufgelodert. Das schwedische Heer wurde dort von dem wackeren Feldmarschall Torstensson befehligt. Es war nicht so ausgeartet, wie die meisten schwedischen Truppen in Deutschland, die einst mit ihrem frommen König vor jeder Schlacht sein Lieblingslied »Verzage nicht, du Häuflein klein« gesungen hatten und jetzt schlimmer hausten als die kaiserlichen Gegner.

Karl Gustav meldete sich bei diesem erprobten Feldherrn, der, obwohl er wegen seiner Gicht meist in einer Sänfte getragen werden mußte, schon manchen Sieg in Deutschland erfochten hatte und nach Holstein geeilt war, um im raschen Vorwärtsdringen Jütland zu erobern.

Hier war Karl Gustav endlich am rechten Platz. Seine Fähigkeiten wurden erkannt, gewürdigt und ihm bald ein Regiment übertragen.

Christine schrieb ihm die liebevollsten, ja geradezu zärtliche Briefe, in denen sie ihn immer wieder ihrer unwandelbaren Liebe und Treue versicherte.

Karl Gustav war überglücklich darüber und wurde dadurch erst recht zu emsiger Pflichterfüllung angespornt. Er bemühte sich – wenn auch nicht so formvollendet wie sie und nicht mit solch ebenso formvollendeter Handschrift –, ihr gleichfalls wie ein rechter Bräutigam zu antworten. Sie schien Gefallen an diesem Briefwechsel zu haben, der so ganz anders war als ihre wissenschaftlichen Bücher und Abhandlungen. Sie forderte ihn in einem ihrer Schreiben sogar auf, seine Briefe an seine jüngste Schwester Marie Euphrosyne zu richten und sie auf dem Umschlag mit C R zu versehen. Dann würden sie sicher in ihre Hände gelangen und niemand sie öffnen und erfahren, was sie einander anzuvertrauen hätten.

Karl Gustav war so strahlend glücklich, daß man es ihm wohl anmerken konnte. Sein Freund Magnus de la Gardie, der mit ihm zu gleicher Zeit in Uppsala studiert und sich zu seinem Regiment gemeldet hatte, neckte ihn zuweilen als den verliebten Bräutigam.

Welch ein Schlag traf Karl Gustav unerwartet, als Christine ihm schrieb, daß sie es für anständig hielte, ihm mitzuteilen, daß sie ihn nicht heiraten könnte. Er möchte aber noch mit niemand davon sprechen. Keiner bräuchte davon zu wissen. Sie bliebe ihm weiterhin als treue Freundin verbunden.

Wie betäubt hielt Karl Gustav dieses Schreiben in den Händen.

Magnus de la Gardie beobachtete ihn verstohlen. Sie saßen einander im Zelt gegenüber.

»Du schaust nicht drein, als wenn du einen Brief von deiner Herzallerliebsten mit tausend Küssen erhalten hättest«, stellte Magnus behutsam fest.

»Hat sich was mit Herzallerliebsten«, murrte Karl Gustav. »Aus –
alles aus!« Doch dann verstummte er jäh.

»Wieso?« fragte Magnus und kniff lauernd die Augen zu einem
Spalt zusammen.

»Ich darf darüber nicht sprechen«, antwortete Karl Gustav. Ver-
stört, verzweifelt starrte er vor sich hin.

»Ach, mach dir nichts aus dem, was so ein dummes kleines Mädchen schreibt«, tröstete Magnus.

»Christine ist nicht dumm«, widersprach Karl Gustav.

»In Liebessachen wird sie noch dümmer sein als eine ihrer Mägde«,
meinte Magnus überlegen, »solche jungen Damen haben ihre Launen. Morgen denkt sie schon wieder anders.«

»Ich werde ihr sogleich schreiben«, entschied Karl Gustav und
sprang auf. »Mit Eilkurier werde ich ihr meine Antwort senden.«

»Das kann ich besorgen«, erbot sich Magnus. »Du weißt, daß ich
mich bereits bei Torstensson abgemeldet habe. Jütland ist erobert,
der Däne besiegt. Der alte Haudegen will mit seiner Truppe wieder
nach Deutschland eilen. Da mache ich nicht mit. Willst du nicht
auch nach Schweden zurückkehren und deiner Christine den Kopf
zurechtsetzen?«

»Mannespflicht geht über Frauenliebe«, erwiderte Karl Gustav,
und dabei wurde es ihm plötzlich bange ums Herz.

Magnus sprach langsam und bedächtig aus, was er selber dachte,
und es klang wie Hohn darin: »Frauenliebe? Liebte ihn denn Christine?«

Wie oft hat Karl Gustav später noch darüber nachgegrübelt: Hat ihn
Christine je geliebt? Hat er sie wahrhaft geliebt, oder band ihn nur
das Versprechen, das er Gustav Adolf gegeben hatte, und sein eigenes Verantwortungsgefühl, am Ende auch die Macht der Gewohnheit an sie? Hatte er doch von ihrer und seiner Kindheit an als ihr
zukünftiger Gatte gegolten!

Wenn er sich wirklich für sie verantwortlich fühlte, war es dann
nicht unüberlegt gewesen, ausgerechnet Magnus de la Gardie an sie

als seinen Boten zu senden, gerade als sie ihm mitgeteilt hatte, daß sie ihn selber nicht heiraten wollte?

Magnus de la Gardie war schön, vollendet schön wie ein griechisches Götterbild, das zum Leben erwacht war. Er hatte die regelmäßigen feinen Züge seiner Mutter und die Geschmeidigkeit, die brennend dunklen Augen seines Vaters, des Enkels eines französischen Edelmannes, geerbt. Seine Mutter Ebba Brahe war König Gustav Adolfs einzige große Liebe gewesen. War es nicht begreiflich, daß sich Gustav Adolfs Tochter von ihrem Sohn bezaubern ließ?

Karl Gustav erfuhr lange nicht, was er unbewußt veranlaßt hatte. Hatte er überhaupt etwas dazu getan? Er erhielt keine Antwort von Christine auf den Brief, den ihr Magnus de la Gardie überbracht hatte. Nun, es war weit, sehr weit von Schweden bis in die Nähe von Wien, das Feldmarschall Torstensson bedrohte, nachdem er die Kaiserlichen bei Jankau geschlagen hatte. Damit entschuldigte Karl Gustav das Ausbleiben jeglicher Nachricht. Er wartete treu und unverdrossen, wenn auch wiederum voller Ungeduld, und er hoffte und bangte, wenn ein Kurier aus Schweden durch das Lager zum Feldmarschall sprengte. Doch er brachte immer nur Briefe von Oxenstierna, Antworten auf Schreiben Torstenssons an den Reichskanzler. Zu langen Aufenthalten, zu müßigen Gesprächen mit untergeordneten Offizieren haben solche Sendboten keine Zeit.

Vielleicht wagte auch keiner ihm, dem angeblichen Verlobten der jungen Königin, mitzuteilen, was sich am Hofe ereignet hatte und noch ereignete, und darum machte sich ein jeder rasch aus dem Staube, wenn er in der Ferne den jungen Pfalzgrafen sah.

Aber endlich hatte es doch nicht ausbleiben können, daß das Gerücht von dem Geschehen in Stockholm auf dunklen Flügeln über Hunderte von Meilen hinweg bis zu ihm gedrungen war und ihm zugeraunt hatte: »Christine hat sich unsinnig in Magnus de la Gardie verliebt.« Sie hatte es gar nicht verheimlicht, bei niemandem ein Hehl daraus gemacht. Von einem Tag zum andern waren die schäbigen Männerwämse und Hosen von ihrem Körper verschwunden. Sie hatte nicht mehr König Christine, sondern Königin genannt werden wollen. Bildschön mit sorgsam gedrehten Locken und in prachtvoller Kleidung, mit Perlen, Rubinen und Diamanten geschmückt, so hatte sie bei ihrer Thronbesteigung auf dem Podest gestanden, aber ihre Augen hatten nur Magnus de la Gardie, der dem Throne gegenüber stand, angestrahlt, und so verwirrt war die sonst so Redegewandte und jetzt so Verliebte gewesen, daß ihr Oxenstierna bei ihrer kurzen Ansprache, die sie vor der Eidesleistung zu halten hatte, einhelfen mußte.

Sie überhäufte diesen Magnus mit Ämtern und Ehren, machte ihn zum Obersten ihrer Leibgarde und errang von Oxenstierna, daß er den sparsamen, gewandten Diplomaten Grotius aus Paris abberief und diesen unerfahrenen jungen Windhund dorthin als Gesandten sandte. Danach ließ sie der alte Fuchs Oxenstierna die Suppe auslöffeln, die sie sich eingebrockt hatte. Magnus de la Gardie hatte in Paris Unsummen verschleudert und dazu noch hunderttausend Reichstaler auf Christines Namen Schulden gemacht. Die Staatskassen waren leer, das Volk ausgepreßt, und der Leichtfuß, der der Königin den Kopf verdreht hatte, hatte das Geld vertan, das den Schweden gehörte. Darum konnte Torstenssons Nachfolger, der brave Wrangel, dem Heer den Sold nicht mehr zahlen! Jetzt verstand Karl Gustav diese Notlage. Das war der erste handfeste Beweis von Christines Unbesonnenheit, die sie und ihr Volk nun büßen mußten, für die sie vom Reichsrat wie ein Kind ausgescholten wurde.

»Und jetzt?« fragte Karl Gustav tonlos den ersten Überbringer dieser Hiobsbotschaft, der sich bis zu ihm gewagt hatte.

»Natürlich ist Magnus de la Gardie sofort von Paris abberufen worden«, erhielt er als Auskunft, »und damit die Liebelei der Königin vertuscht wird, hat sie vor den Reichsständen öffentlich erklärt, daß er ihre Base, Karl Gustavs liebliche Schwester Marie Euphrosyne, heiraten würde. Großspurig hatte sie verkündet: ›Ich gebe ihm das Liebste, das ich besitze, meine süße Marie Euphrosyne!‹«

Karl Gustav sprang auf. »Auch das noch!« stieß er hervor, »sollen noch mehr von unserer Familie geopfert werden?« Er zitterte vor Zorn. Sein sonst so frisches Gesicht war leichenblaß.

»Eure verehrte Schwester ist nicht empört darob«, beschwichtigte ihn der Kurier, »sie ist ja ebenso vernarrt in den schönen Halbfranzosen wie die Königin.«

Karl Gustav verstand jetzt auch, warum der alte Torstensson sein Heer verließ, das Heer, das zum Plündern gezwungen war oder sich von Brot und Wasser ernähren mußte, weil seine Königin das Geld verschleuderte.

»Sie ist ihrer Mutter nachgeartet«, so meinte der greise Torstensson wütend, »die hat der Dänenkönig bereits zu ihren Verwandten nach Brandenburg abgeschoben, und der Neffe, der Kurfürst Friedrich Wilhelm, will diese verschwenderische unverträgliche Frau auch nicht behalten, sondern sie uns wieder auf den Hals schicken.«

Karl Gustav schloß sich Torstensson auf der Rückreise nach Schweden an. Er konnte es nicht mit ansehen, daß seine Soldaten plünderten oder hungerten. Und wie hatte sein Wahlspruch geheißen, mußte er eigentlich weiter heißen: »Für Schweden und Christine«?

Es war ein verzweifelter, verstörter Karl Gustav, der sich nicht klar über seine Zukunftspläne war und sich deshalb zu seinem Vater begeben und sich auf der Insel Öland, wo der Greis sich gerade befand, gleich ihm von allem, was den Stockholmer Hof betraf, zurückziehen wollte. Hier in der Stille würde er versuchen, seine große Enttäuschung zu überwinden.

Oh, wäre es ihm doch damals gelungen! Hätte ihn Christine in Ruhe gelassen! Hätte er sie nie wiedergesehen! Dann wäre er jetzt frei von ihr. Aber er wäre auch nicht den Weg gegangen, den er nach Gottes Willen zu gehen hatte, den Weg zu Schwedens Thron.

Ein königliches Wort

Es war wenige Tage nach Karl Gustavs Rückkehr nach Schweden. Mit laut widerhallenden militärischen Schritten stieg er die Treppe zu den Gemächern der Königin hinauf. Oben im Flur huschte ihm eine junge Hofdame – oder war's ein Kammermädchen? – über den Weg.

»Melden Sie mich Ihrer Majestät!« befahl er ihr in solch barschem Ton, wie man bisher bei dem gutmütigen Mann nicht gewohnt gewesen war.

Sie blickte ihn mit erschrockenen blauen Porzellanaugen an. »Aber das ist doch nicht üblich und erst recht nicht bei Ihnen, Herr Pfalzgraf!« stammelte sie.

»Melden Sie mich an!« herrschte er sie derart an, daß sie rasch davoneilte.

Als er in das Studierzimmer trat, kam ihm Christine entgegen und küßte ihn flüchtig auf beide Wangen.

»Nett, daß du nach Jahr und Tag wieder hier bist«, sagte sie nachlässig.

»Majestät haben befohlen«, erwiderte er steif.

Sie zog die Brauen hoch. »Warum plötzlich solche Umstände, Karlchen?« fragte sie überlegen. »Gut siehst du aus!«

»Aber nicht schön«, antwortete er bitter, »und Majestät lieben ja das Schöne.«

Sie sah ihn an, als erblickte sie ihn zum erstenmal in ihrem Leben.

»Was bist du seltsam«, spottete sie lächelnd. »Ich habe sehr bedauert, daß du bei meiner Thronbesteigung fehltest.«

»Ich habe bedauert, daß ich meine Truppe verlassen mußte, aber plündernde oder hungernde Soldaten entsprechen nicht meiner Auffassung von Offiziersehre.«

»Warum plündern und hungern sie?« fragte Christine erstaunt. »Warum hindertet ihr Offiziere das Plündern nicht, ändertet die Mißstände in der Proviantierung. Ich verstehe das von Wrangel und Torstensson nicht.«

»Wenn die Kassen leer sind, kann auch der vortrefflichste Offizier keine Wunder tun«, erwiderte er und fuhr sogleich, ehe sie ihn unterbrechen konnte fort: »Ich habe jedoch nicht bedauert, daß ich nicht bei Majestäts Thronbesteigung hier war. Allerdings hätte ich eine wunderschöne Königin gesehen, wie man mir berichtet hat. Daß aber die Gelehrteste aller Frauen so verwirrt war, daß sie in einer kleinen Rede steckenblieb, das beweist die Wahrheit meiner früheren Behauptung, daß Klugheit nicht mit Weisheit zusammentrifft und die gelehrtesten Frauen oft große Torheiten begehen.«

»Werde nicht unverschämt, Karlchen!« warnte sie, und in ihren Augen blitzte es bereits gefährlich auf. »Jedem können einmal in der Aufregung die Worte fehlen, die Stimme versagen, und was die leeren Kassen betrifft, so werden sie wieder gefüllt werden.«

»Wodurch?« fragte er. »Das weiß keiner. Wodurch, wem zuliebe sie aber geleert wurden, das ist leider bekannt.«

»Du willst mich reizen«, sagte sie, und das Drohen in ihren Augen verstärkte sich. »Du bist ein Geizhals wie dein Vater.«

»Und du« – er verfiel wieder in das vertraute Du – »eine Verschwenderin, eine törichte Frau wie deine Mutter!«

Da flammte ihr Wasa-Zorn auf. Sie stampfte mit dem Fuß.

»Herr Pfalzgraf«, rief sie, »ich lasse mir von Euch keine Vorschriften machen. Ihr werdet mit mir den Hochzeitsreigen anführen, wenn Magnus de la Gardie Marie Euphrosyne heiratet. Wir haben mit der Hochzeit nur auf Euch gewartet, und darum habe ich Euch heute herbestellt. Ihr habt zu gehorchen, Ihr seid mein Untertan.«

»Euer Untertan!« lachte er bitter. »Gerade eben habt Ihr mich mit Pfalzgraf angeredet, und Eure Edlen schelten Pfälzer, Wittelsbacher hinter mir drein. Ich bin nicht Euer Untertan. Ich kehre in die Pfalz zurück, woher wir stammen, ein älteres Geschlecht als Ihr Wasas!«

»In die Pfalz zurück!« höhnte sie. »Wohin denn da? Eure so gerühmte Katharinenburg ist zerfallen, sonst wäre Euer Vater schon längst dorthin zurückgekehrt. Die Bewohner Eures Dorfes Birlenbach sind fast alle an der Pest gestorben. Wie wollt Ihr da leben?«

»Das laßt meine Sorge sein«, erwiderte er. »Euch geht es nichts an, so wenig wie mich Eure Liebesaffären angehen.«

»Oh, ich möchte Euch züchtigen!« ächzte sie.

Er hielt ihr seine beiden kräftigen Hände hin. »Da möchtet Ihr wohl den Kürzeren ziehen!«

Sie starrte ihn zornbebend an, und plötzlich erwies sich ihre launenhafte Veranlagung, ihr jäher Stimmungswechsel, was Karl Gustav beides später noch oft feststellen konnte. Sie lachte laut auf.

»Oh, Karlchen, du bist köstlich, jetzt bist du erst ein richtiger Mann, ein rechter König! Wir haben uns zum erstenmal gezankt, und du hast nicht nachgegeben.«

Und plötzlich brach sie in Tränen aus.

»Mach es mir doch nicht so schwer, Karl Gustav«, schluchzte sie. »Ich habe doch nur dich als wahren Freund. Wie hat mich dieser Magnus enttäuscht! Aber es wird keine Strafe, sondern die Erfüllung ihrer großen Sehnsucht sein, wenn unsere süße Marie Euphrosyne ihn als Gatten bekommt. Ich meine es doch so gut mit dir. Der brave Torstensson soll für seine Verdienste zum Gouverneur der westlichen Grenzgebiete ernannt werden, und du, nicht bloß weil du mein Vetter bist, sondern weil Torstensson dich als hervorragend begabten Offizier gelobt hat, sollst der Generalissimus des schwedischen Heeres in Deutschland werden. Bringe es wieder in Ordnung, wie es zu Zeiten meines geliebten Vaters war, führe es zu Manneszucht und Gehorsam zurück!«

»Niemals werden das die Reichsstände, wird es Oxenstierna zulassen«, wandte Karl Gustav ein.

»Er kann erst recht nicht zulassen, daß der zukünftige König unter anderen Befehlshabern dient«, trumpfte sie auf.

»König«, stutzte er. »Du sagtest schon zweimal König. Willst du mich nun doch heiraten?«

»Ach Karl Gustav«, seufzte sie, »täglich drängt mich Oxenstierna im Auftrag der Reichsstände, daß ich heiraten soll. Sogar den jungen stattlichen Kurfürst Friedrich Wilhelm von Brandenburg hat er mir vorgeschlagen. Aber du weißt doch: Ich will überhaupt nicht heiraten, und sollte ich mich doch entschließen, so bleibt es bei meinem Versprechen: Ich heirate nur dich, den Pfälzer, den Wittelsbacher, der aber ebensoviel Wasablut in seinen Adern hat wie ich.«

Er faßte nach ihrer Hand. »Ist das dein Ernst?« fragte er.

»Zweifelst du daran?« erwiderte sie stolz. »Ich gebe dir mein königliches Wort.«

Ihr königliches Wort, daran hat sich Karl Gustav geklammert, Jahr um Jahr, und hat nicht verstanden, daß sie doch gesagt hatte, daß sie überhaupt nicht heiraten wollte. Er hat gehofft und gehofft. Ein armer Wicht war er gewesen, lacht er sich selber jetzt aus. Was ist aus dem königlichen Wort geworden? Hat sie es gehalten? O ja, sie hat nicht geheiratet. Was ist daraus geworden? Das, was er gar nicht wollte, ein König von Christines Gnaden ist er nun. Oder nein, muß er nicht doch sagen: Von Gottes Gnaden! War es nicht Gottes Weg für ihn, und ist es nicht auch Gnade, daß er nicht Christines Gatte wurde? Er beugt den Kopf, als er darüber nachdenkt, als ihm das zu Bewußtsein kommt. Ja, es war Gnade, daß er König wurde, Gnade, daß ihm Christine nicht seinen Wunsch erfüllte, ihn zu heiraten. Und der junge König spricht die Worte der Heiligen Schrift vor sich hin: »Die Wege des Herrn sind richtig.«

Der Thronfolger

König Karl X. ist auf seinem ausgedehnten Ritt immer weiter gen Norden vorgedrungen. Er hat die fahrbaren Straßen verlassen und als geübter Reiter steinige steile Pfade gewählt, die immer tiefer in die Wälder, in die Bergwelt hineingeführt haben. Seiner Begleitung ist es sehr sauer geworden, ja sie haben es für gefährlich gehalten, ihm zu folgen. Er hat sie mehrmals überreden wollen, in einem der kleinen Dörfer, die eigentlich nur aus zwei oder drei Gehöften bestanden, auf seine Rückkehr zu warten, aber gerade weil sie diese kaum gangbaren Steigen zum Reiten erst recht für geradezu halsbrecherisch hielten, wagten sie nicht, den König allein zu lassen. Immerhin sind sie weiter und weiter zurückgeblieben, und er hat um so besser seinen Gedanken, seinen Erinnerungen nachhängen können.

An einem der hellen Sommerabende machen sie an einem stillen Waldsee inmitten hoch aufstrebender Berge halt. Ein einsames Fischer- und Holzfällerhaus muß ihnen Nachtquartier geben. Todmüde sinken die Begleiter auf ein Strohlager. Dem König will die alte Frau das eigene Ehebett mit frischen Laken beziehen. Doch er wehrt ab. Er ist von seinen Kriegszügen gewohnt, sogar auf dem Erdboden zu schlafen, und braucht es nicht besser als die andern zu haben.

Lange sitzt er noch auf der kleinen Bank dicht am See. Neben ihm hat der alte Mann geruhsam Platz genommen. Ihm scheint der König nicht anders zu sein als einer der Ihren. Wie dieser Greis mit dem langen Bart Karl Gustav an seinen eigenen Vater erinnert! Er hat wohl noch erlebt, daß sein Sohn als Thronfolger vor dem Volk ausgerufen wurde, aber er hat ihn nicht mehr als König gesehen. Oder hat er ihn doch in seinen letzten Erdenstunden in dieser Würde erblickt? Oder hat er geahnt, welches Geschick seines Ältesten harrte? Oder sollte er, der kluge Mann, Christines Pläne durchschaut haben? Hat sie ihm als altem Vertrauten gar gebeichtet? Er hat seine welke Hand abschiednehmend auf Karls Kopf gelegt, so wie es Jahre zuvor schon die Mutter getan hat, und hat leise, aber deutlich gesagt: »Der Herr stehe dir bei, mein Sohn, Karl X. von Schweden!«

»Herr, stehe mir bei!« wiederholt in dieser Nacht Karl Gustav. Er blickt zum Himmel auf. Wie klar leuchten hier die Sterne, viel heller und größer als in der Niederung. Wie armselig ist dagegen solch ein vielbewundertes Feuerwerk, wie es den Stockholmern und allen, die zu dem Fest herbeigeeilt waren, bei Christines Krönungsfeierlichkeiten, die erst sechs Jahre später der Thronbesteigung gefolgt waren, zum erstenmal in Schweden dargeboten worden war.

Verschwendung! hat er damals gedacht. Ja, er hat die Sparsamkeit seines Vaters geerbt, und das ist gut so. Er wird sie für das verarmte Land bitter nötig haben.

Es war ein glanzvolles Fest, diese Krönung Christines, und er hat natürlich mitwirken müssen, hat dazu beitragen müssen, die Feierlichkeit noch zu erhöhen. Und eigentlich hat er nichts, gar nichts dabei zu tun brauchen als eben dazusein, neben Christine im Wagen zu sitzen, ihr am Thron am nächsten zu stehen. Steigt da nicht wieder Bitterkeit in ihm auf, als er daran zurückdenkt?

Soll er sich in dieser friedevollen Sommernacht nicht lieber den Farbenreichtum, den Glanz, die Freude dieses Krönungsfestes in seine Erinnerung zurückrufen? War es denn nötig, daß er die Hauptperson dabei war? Hieß nicht sein Wahlspruch: »Für Schweden und Christine!«? Nun, die Schweden vergaßen an diesen Tagen Not und Armut, und Christine wollte vielleicht einmal, ein einziges letztes Mal genießen, die Königin eines mächtigen Reiches zu sein und sich so ihrem Volk und den Abordnungen aus aller Herren Länder, aus Rußland, Frankreich, Österreich, Spanien, Polen, England, Portugal, Brandenburg und sogar aus Dänemark zu zeigen.

Sie erwartete Karl Gustav an jenem Oktobermorgen, der den dreitägigen Festlichkeiten voranging, an dem die Sonne so warm vom blauen Himmel strahlte, wie man es zu dieser Jahreszeit kaum in den nördlichen Breiten gewohnt war, in dem Schloß des Reichsmarschalls de la Gardie, in dem kleinen Ort Jakobsstadt. So verlangte es das Zeremoniell, daß sie von draußen in die Stadt Stockholm einzog.

Strahlend wie diese Oktobersonne kam Christine ihrem Vetter entgegen, begrüßte ihn mit einem Kuß und sagte dann lächelnd: »Sei nicht böse, Karl Gustav, du vorbildliches Spargenie, daß heute furchtbar verschwendet wird! Oh, du wirst es schon merken, was ich alles für dieses Fest verlangt habe an Kleidung und Schmuck, an edlen Pferden aus England, an einer eigens dafür angefertigten goldenen Karosse, an Wein, der aus dem Brunnen vor dem Schloß fließen soll, an gebratenen Ochsen für das Volk und allen möglichen Delikatessen für die hohen Gäste. Es wird ein unvorstellbarer Prunk werden, und du wirst im stillen seufzen und berechnen, woher das Geld für all diese Pracht kommen soll. Aber laß uns heute noch einmal leichtsinnig sein und von Gold und Edelsteinen gleißen, nicht nur heute, sondern drei Tage lang. Sei mir ein wenig dankbar, und schilt mich wegen dieser Verschwendung nicht! Du hast ja keine Ahnung, wie ich für dich habe kämpfen müssen, wie ich geradezu getobt, sie alle angebrüllt habe, bis ich bei den Reichsständen durchsetzte, daß du nun Prinz von Schweden heißt und daß du feierlich als mein Nachfolger anerkannt wirst.«

»Du bist sehr aufgeregt, Christine«, hatte Karl Gustav in seiner ruhigen Art geantwortet. »Das ist natürlich begreiflich an deinem Ehrentag. Ich will dir auch gerne für all deine eifrigen Bemühungen für meine bescheidene Person danken. Aber ich bin wirklich bescheiden. Ich habe den Titel eines Prinzen von Schweden nicht angestrebt, und dein Nachfolger werde ich kaum werden. Du bist jünger als ich, und ich hoffe, daß du noch ein langes Leben vor dir hast.«

»Vielleicht aber kein Leben als Königin«, hatte Christine geheimnisvoll gelächelt.

»Wie soll ich das verstehen?« hatte Karl Gustav gefragt. Und wieder war ihm nur dies geheimnisvolle Lächeln geworden.

»Christine«, hatte er eindringlich gesagt, »mir liegt nichts an Titeln und Kronen. Gib mir lieber eine Aufgabe, etwas zu leisten. Mein Wahlspruch ist: ›Für Schweden und Christine!‹ Was kann ich dafür tun?«

Und wieder dies Lächeln und dazu die Antwort: »Sehr viel, nur noch ein klein wenig mußt du dich gedulden!«

Und dann wurden beide zum Festzug abgeholt, der von Reitern in blitzenden Rüstungen, der Leibgarde, den Trompetern und Pagen eröffnet wurde.

Die Straßen waren mit Fahnen und Girlanden geschmückt. Das Volk jubelte begeistert, und diese Begeisterung galt nicht nur der schönen jungen Königin, die stolz und aufrecht in der Goldkarosse saß und nach rechts und links abwechselnd winkte und lächelte, sondern auch dem stattlichen Mann an ihrer Seite, der ihnen allen als ihr zukünftiger Gemahl galt.

Drei Stunden dauerte diese prunkvolle Fahrt, Glocken läuteten, Kanonendonner dröhnte dazwischen, und auf diesen glanzvollen Einzug folgten zwei Tage lang Bankette, Bälle, Lustbarkeiten aller Art für den Adel wie das Volk auf der Straße.

Am dritten Tage erst fand die Krönung im Dom statt, der dicht bei dem Schloß Drei Kronen liegt. Christine hatte entschieden, daß sie auf einem mit goldenem Panzer geschmückten Roß hinüberritt. Golddurchwirkt war auch ihr Kleid. Der Krönungsmantel, der fast bis zur Erde hing, wurde von einer Diamantspange gehalten. Und wieder Kanonendonner, Glockengeläute, Jubel und Freudengeschrei, Triumphbögen, ein Wald von Fahnen, wobei auch die sieggewohnten zerfetzten aus den Schlachten Gustav Adolfs nicht fehlten.

Karl Gustav reichte Christine die Hand, als sie vom Pferd stieg. Der Erzbischof von Uppsala nahm sie vor dem Portal in Empfang. Christine schritt, von dem Erzbischof geleitet, zu dem silbernen Thron, der dem Altar gegenüber stand. Eine Stufe tiefer, aber doch noch hoch über allen andern, auch den Edelsten der Schweden und der ausländischen Abordnungen, saß Karl Gustav, mit einem Hermelinmantel bekleidet.

Nach der Predigt sprach Oxenstierna Christine den alten Königseid vor, den sie mit ihrer hellen Stimme laut wiederholte. Hoch aufgerichtet stand sie da, und hoch aufgerichtet, ganz Königin, stand sie, als sie nach der Salbung durch den Erzbischof, nach der Überreichung der Insignien ihrer Macht – des Reichsapfels, des Zepters, des Schwertes und des Schlüssels – aus dem Dom trat und von seiner Höhe aus auf das Volk auf dem großen Schloßplatz und den einmündenden Straßen hinblickte. Sie hob die Hand mit dem Zepter über die Menge. Sie lächelte und war ganz Königin, huldvoll, majestätisch und doch sehr fern, unnahbar.

Karl Gustav blieb im Hintergrund. Er sah ihr an, wie sie diesen Triumph genoß. Durfte er sich auch freuen? Würde sie ihn bei dem anschließenden Mahl endlich als ihren Verlobten vorstellen? Er saß wieder an ihrer Seite. Es war schon spät, als sich ihr Oxenstierna näherte, sich zu ihr herabbeugte und ihr zuraunte: »Dürfen wir jetzt Eure Verlobung bekanntgeben, Majestät?«

Christine wandte sich hochmütig zu dem alten Mann um und erwiderte: »Seit Jahren habt Ihr mich gedrängt zu heiraten, Ihr und all die andern der Reichsstände. Warum? Damit ich einen Nachfolger hätte, einen Sohn und Erben. Das war doch Euer Grund, nicht wahr? Hier, bitte«, sie wies mit anmutiger Handbewegung auf den Mann ihr zur Linken – »da habt Ihr Euren Willen, einen gesunden kräftigen Thronfolger, einen erprobten Kriegsmann, der Schweden wohl verteidigen wird, einen, in dem Wasablut fließt, gemischt mit dem seines klugen Vaters und nicht wie bei mir mit dem einer wirrsinnigen Frau. Was wollt Ihr mehr? Hier habt Ihr ihn: Karl Gustav, Pfalzgraf von Pfalz-Zweibrücken, Prinz von Schweden, der Thronfolger.«

Da ging ihm die Sonne auf

Immer noch sitzt König Karl X. an dem stillen See im schwedischen Bergland. Er schreckt aus seiner Versunkenheit auf. Eine arbeitsharte, knochige Hand hat sich auf seinen Arm gelegt.

»Habt Ihr gesehen, hoher Herr«, sagt die gleichmütige Stimme des Alten, »ein Stern ist vom Himmel gefallen, ein rotaufleuchtender in einem weiten Bogen, und dann ist er erloschen. Erloschen wie die vieltausend bunten Sterne des Feuerwerks, das mein Sohn in dem fernen Stockholm bei den Krönungsfeierlichkeiten einst als Soldat gesehen hat. Das war Menschenwerk und mußte rasch vergehen. Alles, was Menschen schufen, ist von kurzer Dauer. Findet Ihr nicht auch? Dies war auch kein echter Stern, nur ein Fünkchen von Gottes Augen. Ob es Euer Stern gewesen ist, hoher Herr? Seid nicht betrübt darum! Die ewigen Sterne bleiben. Sie wandeln nach Gottes Willen auf den von ihm vorgeschriebenen Bahnen, und wer auf Gottes Wegen geht, kann nur in Gottes Hände fallen und verlöscht nicht. Glaubt Ihr das auch, hoher Herr?«

Karl Gustav nickt. Und dann ist wieder das große Schweigen um sie her. Nur die Wellen plätschern sacht an das Ufer, und in der Ferne rauscht der Hochwald. Die Sterne ziehen ihre ewige Bahn. »Auch wir müssen unsern Weg nach Gottes Willen gehen«, ertönt nach einer Weile des alten Mannes eintönige Stimme, die auf den jungen Mann so beruhigend wirkt.

Es ist so eine seltsame Nacht, Mitsommernacht, Mitternacht. Karl Gustav ist es, als säße sein eigener Vater neben ihm, und ohne es recht selber zu wissen und zu wollen, beginnt er zu sprechen, gedämpft, fast lautlos, wie der Greis neben ihm geredet hatte.

»Ja, auch mir ist ein Stern gefallen, mein Stern, so dachte ich. Aber er war mir nie zu eigen. Nie gehörte er mir, der strahlende Stern Christine. Ich habe von Kindheit an angenommen, ich wäre nur für sie auf der Welt. Ich hatte bisher gar kein eigenes Leben. Es war ein Leben für Schweden und Christine, und so sollte es bleiben bis zu meinem Tod. Nun ist der Stern gefallen, und ich fürchte, nicht nur für mich. Ich bange um sie. Ich weiß, daß ihr Stern tiefer und tiefer fallen wird in Verworrenheit, in Verirrungen, daß sie nicht mehr auf

KARL X. GUSTAV
*König von
Schweden*

HEDWIG
ELEONORE
*von Holstein-
Gottorp
Gemahlin
Karls X.*

Das alte Stockholmer Schloß im Jahre 1661

Schleswig mit Schloß Gottorp im 17. Jahrhundert

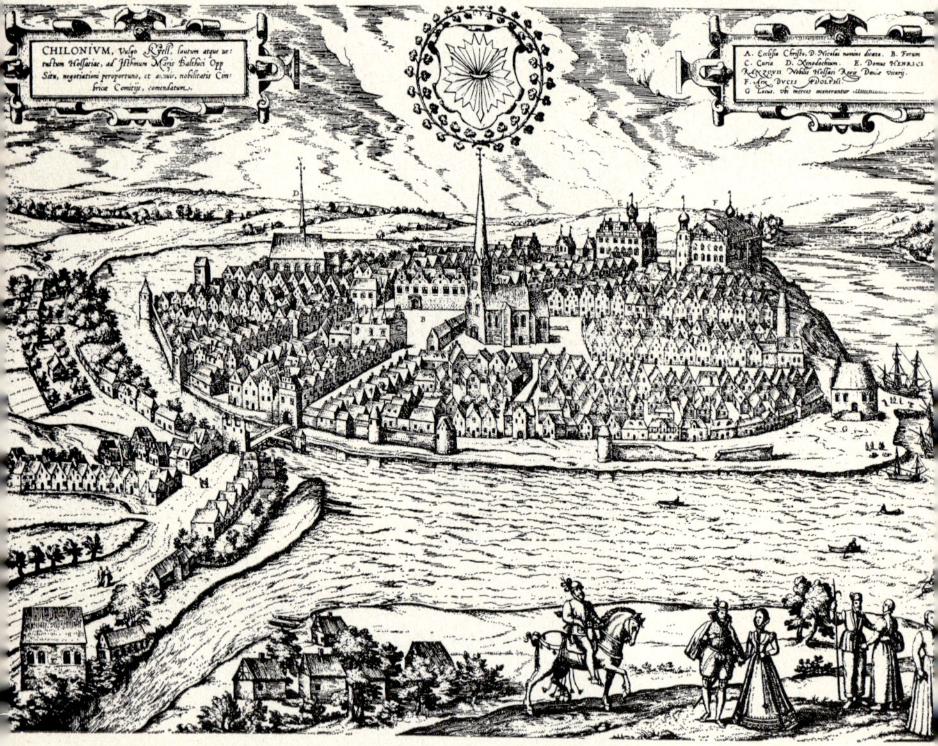

*Trauung König Karls X. Gustav von Schweden
und Hedwig Eleonores von Holstein-Gottorp
24. Oktober 1654*

Links oben:
OXENSTIERNA
Kanzler Gustav Adolfs
*1583, † 1654

Links unten:
MAGNUS
DE LA GARDIE
Schwedischer Staatsmann
*1622, † 1686

Rechts oben:
KARL XII.
König von Schweden
*1682, † 1718

dem Weg gehen wird, der ihr von Gott vorgeschrieben ist, der sie zu Gott führen wird. Wenn sie in der katholischen Kirche, zu der sie übertreten will, ihren Frieden und Gott wahrhaft finden würde, ich hätte auch als treuer Protestant nichts dawider. Aber sie wird suchen, suchen und in die Irre gehen wie ein verlorenes Schaf, das nur auf seinen eigenen Weg sieht.

Ich merkte schon früh, als sie noch ein Kind war, daß sie trotz aller Gelehrsamkeit und Klugheit zu Unbesonnenheiten, Launenhaftigkeit, Zornausbrüchen neigte. Doch wer von uns ist ohne Fehle? Sie würde sich mit ihrer Selbstbeherrschung auch darin zu beherrschen lernen, hoffte ich.

Sie hat mir mündlich und schriftlich Liebe und Treue versprochen, wenn sie mir gegenüber auch allen Zärtlichkeiten abhold war. Dann kam der erste Schlag, die furchtbare Enttäuschung für mich. Ich erfuhr von ihrer ersten großen Unbesonnenheit, von ihrer Liebelei mit Magnus de la Gardie, dem schönen Magnus. Sie liebt ja alles Schöne und zieht nun nach Rom, nicht nur des Papstes, der katholischen Kirche wegen, sondern weil sie dort so viel Schönheit in Natur und Kunst finden möchte.

Ich habe die Bevorzugung dieses Magnus später zu verstehen, zu entschuldigen versucht, so bitter es auch für mich war, wenn ich erfuhr, daß sie mit ihm wie einst mit mir ausritt, fern in die Wälder und nicht mit Gefolge, wie damals mit mir, daß sie ihn mit Ehren überhäufte. Sie war in jenen Tagen noch sehr jung. Auch Magnus war jung und hat den Leichtsinn jener Zeit längst abgelegt. Er ist meiner geliebten Schwester ein treuer Gatte, seinen Kindern ein guter Vater geworden und erfüllt seine Pflichten als Reichsschatzmeister, die ihm Christine wohl in Erinnerung an frühere Gunst übertragen hat.

Er ist von andern früher zuweilen gehänselt und von ihr selber auf einem Fest bespöttelt worden als Verehrer, den sie wie einen Handschuh abgelegt, abgeworfen hätte. Mit Mühe und mit Hinweis auf unser Christentum, in dem wir Vorbild sein müssen, habe ich meinen Schwager von Zweikämpfen mit seinen Beleidigern abgehalten, wozu ihn Christine mit boshafter Schadenfreude geradezu gedrängt hat. Und trotz alledem habe ich ihr Treue gehalten Jahr um Jahr, war überzeugt, habe darum gebetet, daß sie sich ändern, bessern würde, daß ihr Glaube durch ihre Gelehrsamkeit nicht mehr und mehr abnähme, sondern durch ihre reifere Erkenntnis sich erneuere und stärke.

Doch dann – ich kann, ich wage kaum darüber zu sprechen, Vater, so entsetzlich ist es mir und allen in unserem Lande, die für die Reinheit, die Ehre ihrer Königin gerne gekämpft hätten. Doch was war zu kämpfen, wenn sie selber sich der bösen Gewalt freudig hingab? Wie konnte man ihren Ruf reinigen, wenn sie ihn selber durch den Schmutz zog?

Maßlos, hemmungslos war ihre Leidenschaft für den spanischen Gesandten Don Antonio Vicomte de Pimentel. Sie wirkte wie trunken, wie wahnsinnig. Inmitten der Edlen Schwedens löste sie auf einem Fest einen der Krondiamanten aus ihren Haaren und reichte dies Eigentum Schwedens dem Fremden. Sie besuchte in der spanischen Gesandtschaft die katholischen Gottesdienste. Ob er am Ende gar einer der Sendboten war wie später die verkappten Jesuiten, um sie zum Katholizismus zu bekehren? Ach, von Bekehren kann ja keine Rede sein. Nicht Glaubensüberzeugung trieb sie zum Übertritt, sondern die Liebesglut zu diesem Fremden und die Sehnsucht nach der Schönheit des Südens, der römischen Kirche, von der man ihr auf mannigfache Art vorgeschwärmt hat. Es war geradezu, als machte es ihr Vergnügen, den schwedischen Adel wie das ganze Volk durch ihre verantwortungslosen Handlungen zu reizen. Nun, sie hat es auch gereizt. Sie haben dem Spanier die Fenster eingeworfen, und er war seines Lebens nicht mehr sicher, so daß er das Land verlassen mußte. Sie aber ist ihm nun gefolgt. Sie ist nach dem Süden, nach Rom aufgebrochen. Sie hat ihr Königreich, ihr Volk verlassen. Ich bin ihr Nachfolger geworden, der König von Christines Gnaden. Doch ich will diese Bezeichnung nicht mehr erwähnen, will sie vergessen.

König von Gottes Gnaden will ich sein, und ich muß es sein. Soll das schwedische Volk nicht dankbar sein, daß diese Frau Schweden verließ, denn ich gelobe vor Gott, daß ich ein guter König sein will, daß ich uneigennützig mein Bestes tun will für Schweden, nicht mehr für Christine, so wahr mir Gott helfe.«

Und wieder ist das große Schweigen um sie. Nur ein leichter Wind hat sich erhoben, der die Wellen kräuselt. Dringt aus dem Wind, dringt aus dem Wasser oder von den Bergen herab ein Stöhnen? Oder ist es das Stöhnen eines verzweifelten Mannes?

»Ich komme nicht von ihr los!« ächzt er. »Herr, mach mich frei!«

Und da eine Stimme, ernst, dunkel. Dröhnt sie von den Bergen herab? »Welchen der Sohn frei macht, der ist recht frei!«

Karl Gustav fällt am Ufer des Waldsees in die Knie, birgt seinen Kopf in beide Hände und legt vor dem Kreuz des Sohnes Gottes seine Nöte, sein Leid, seine Gebundenheit nieder. Und der Sohn macht ihn frei.

Als die fahle Helle der Mitsommernacht dem Tag weicht, steht er auf. Er schaut zu seiner Rechten. Der alte Mann ist verschwunden. War er überhaupt da? Hat er zu ihm geredet? Oder war es nur ein Traum? Nein, dieses Erlebnis, das sein ferneres Leben bestimmen wird, war Wirklichkeit. Es ergeht Karl Gustav wie Jakob, von dem die Heilige Schrift schreibt, daß, als er Gott von Angesicht gesehen hatte, seine Seele genesen war, und da »ging ihm die Sonne auf«.

König Karl X. schritt zum Hause hinüber. Er überraschte sein Gefolge mit einem fröhlichen Morgengruß und dankte seinen Gastgebern für den Imbiß. Er legte eine blanke Münze dafür auf den glatten Eichentisch. Er achtete nicht darauf, daß sie die Inschrift trug: »König Karl X. von Gottes und Christines Gnaden!« Das war überwunden.

»Vorwärts, meine Herren!« forderte er seine Begleiter zum Aufbruch auf. »Wir reiten zurück nach Stockholm an die Pflicht, an die Arbeit für Schweden mit Gottes Hilfe.«

Karl Gustav war frei von Christine. Er hatte vorausgesehen, daß sie ihm öfters schreiben und immer und immer wieder um neue Geldsendungen bitten, sie unverschämt fordern würde. Als es endlich dem empörten Reichsrat zuviel wurde, verpflichtete er sich persönlich, ihr jährlich einhundertsiebentausend Riksdaler zu senden. Er hatte auch geahnt, daß sie sich zu immer größeren Unbesonnenheiten, wirren Handlungen hinreißen lassen würde. Ein Grauen schüttelte ihn, als durch ganz Europa die entsetzliche Nachricht ging, daß sie einen Herrn ihres Gefolges auf scheußliche Art hatte ermorden lassen.

Und doch – sosehr es ihn schon allein um des Rufes des schwedischen Volkes, des Königsgeschlechts der Wasa naheging, er fühlte sich von ihr frei, die Macht dieser Frau über ihn war gebrochen.

Königliche Pläne

Als Karl X. aus dem Norden Schwedens gen Süden zurückkehrt, bemerkt sein Gefolge, daß der König froher, gelöster ist. Er bleibt auch in den folgenden Tagen auf dem Heimritt in dieser Stimmung. Sie kehren wie zuvor in Köhlerhütten, in Bauernhäusern ein. Aber er scheut sich nun auch nicht mehr, die Edelhöfe aufzusuchen. Mögen sie ihn dort freundlich oder mißgünstig aufnehmen. Sie haben es an Achtung, ja Ehrfurcht nicht fehlen zu lassen. Er weiß und bringt es in seiner Haltung, seinem Gebaren zum Ausdruck: er ist der König.

Er ist Herr, alleiniger Herrscher und nicht mehr, wie man ihn bisher spöttelnd nannte, der ewige Freier Christines, ihr Statist, der nur als Schmuckstück zur Vermehrung ihres Glanzes neben ihr in der Prunkkutsche saß. Er braucht nicht mehr ihr gehorsamer Diener, eine Art Leibeigener zu sein, der mit ihr zu jeder Tages- und Jahreszeit durch Wind und Wetter wild galoppierte, der auf ihre ausgefallenen Launen einging. Er hat es nicht mehr nötig, ihr den Steigbügel zu halten, ihr immer den Vortritt zu lassen.

Einen Auftritt wie den letzten, ihn anwidernden, bei dem er als eine ihrer mitspielenden Figuren zugegen sein mußte, wird er nie wieder mitmachen: Er hat sie begleitet, als sie ihrer Mutter den Abschiedsbesuch auf Schloß Gripsholm abstattete. Ein trauriges, makabres Schaustück war es, als die wirrsinnige alte Königin ihnen in wallenden Trauergewändern im schwarz ausgeschlagenen Gemach entgegentrat und weinend jammerte, daß ihr diese geliebte Tochter nun für allezeit genommen werden sollte. Wußte er doch so gut wie Christine selber, daß dieser »Abgott ihres Daseins«, wie sie Christine nun bezeichnete, von ihr immer widerwillig abgelehnt, ja sogar gehaßt worden war, daß sie ihre Tochter nach ihrer eigenen Flucht nach Dänemark, Brandenburg und auch nach ihrer Rückkehr kaum noch gesehen hatte.

Christine blieb zwar ernst, aber er hatte bemerkt, wie ihre Lippen spöttisch, verächtlich zuckten, als sie mit geheuchelter Feierlichkeit auf ihn wies und ihrer Mutter sagte: »Ich beraube Euch zwar einer Tochter, doch ich gebe Euch einen Sohn dafür!«

Er wird zwar darauf achten, daß Marie Eleonore nichts abgehen soll, aber als ihr Sohn wird er sich trotz Christines Worten nicht betrachten. Er hat sich Christine nicht mehr zu fügen. Er ist frei, frei, und es ist ihm, als hätten sich Bande von ihm gelöst, die ihn umfangen hatten, und der durch seine Erziehung sehr Bibelkundige spricht die Worte vor sich hin: »Unsre Seele ist entronnen wie ein Vogel dem Netz des Vogelfängers; das Netz ist zerrissen, und wir sind frei.« Und er fügt das Ende dieses Psalms hinzu, das er als Knabe gelernt hat: »Unsre Hilfe steht im Namen des Herrn, der Himmel und Erde gemacht hat.«

Er hat die Hilfe des Herrn sehr nötig, wird alles, was er plant, was er schaffen will, gar nicht ausführen können ohne diesen mächtigen Beistand.

Er scheint zwar fröhlicher, selbstbewußter während dieses Heimrittes, aber er bleibt für sein Gefolge noch wortkarger als bisher, und diejenigen unter ihnen, die ihn gut kennen, nicht bloß dem Äußeren, sondern auch seiner Gemütsart nach, seine etwas schwerblütige, fast schwerfällige Entschlußkraft, sein strenges, im Krieg erhärtetes Verantwortungsgefühl, ahnen, was ihn so schweigsam macht. Er hat die Vergangenheit von sich geworfen wie einen alten Mantel, oder eine Gnade hat sie ihm abgenommen. Nun sind seine Gedanken auf die Zukunft gerichtet, auf das, was in den folgenden Jahren auf ihn wartet.

Er will dem Volk der Schweden, seinem Volk, wieder zu dem Wohlstand verhelfen, wie ihn sein Großvater Karl IX. schuf und dadurch seinem Sohn ermöglichte, mit einem schlagkräftigen Heer für den protestantischen Glauben zu Felde zu ziehen.

Auch Karl X. wird eine Kampfestruppe wie einst aufbauen, Soldaten heranziehen, die nicht nur in der Schlacht ihren Mann stehen können, sondern unter denen wie zu Gustav Adolfs Zeiten Zucht, Ordnung und Gottesfurcht herrschen soll.

Er muß und will mit ihnen die verlorenen Gebiete den Dänen wieder entreißen, Schweden erneut zur geachteten und gefürchteten Großmacht machen. Er will den Kurfürsten von Brandenburg zwingen, Preußen von ihm als Lehen zu nehmen. Er wird die Polen, gegen die Gustav Adolf so lange kämpfen mußte und doch nicht viel mehr als nur einen Waffenstillstand erreichen konnte, endgültig besiegen.

Schweres hat er sich vorgenommen, aber die schwerste Aufgabe erwartet ihn im eigenen Land. Er will den Adligen die leichtsinnig an sie verschleuderten Krongüter wieder abnehmen und dadurch den Reichtum Schwedens neu aufleben lassen, den Bauern ihre Freiheit zurückgeben.

Jahre, viele Jahre wird es brauchen, bis all diese Pläne erfüllt sind. Ob er es schaffen wird? Er richtet sich straff im Sattel auf. Ja, er fühlt den Willen, die Kraft dazu in sich. Fest umspannt seine Kriegerhand die Zügel.

Und doch ist ihm – wie oft schon – dasselbe Ahnen wie in seinem großen Onkel Gustav Adolf, der, wie er sagte, mit dem Tod auf Du und Du lebte, daß ihm ein Tod, ein früher Tod beschieden sein würde.

Dann wird Karl X. seine Waffen, seine Aufgaben an seinen Sohn weitergeben. Dieser Sohn wird seine Kriege zum siegreichen Ende führen, er wird durch die »Reduktion«, das heißt die Einziehung der der Krone abhanden gekommenen Güter, ermöglichen, daß Heer, Flotte und Verwaltung durchgreifend erneuert werden können, und dann – wird dieser Sohn dem Lande »letztlich Frieden bringen«.

Karl schreckt auf. Ist sein Roß gestolpert, hat er sich in Zukunftsträume verloren?

Nein, ein Gedanke hat ihn durchzuckt: er hat noch keinen Sohn! Von Christine haben die Reichsstände den Thronfolger gefordert. Sie hat ihn dafür vorgeschoben. Aber er wird heiraten müssen, bald heiraten, damit er diesen Sohn noch auf sein Amt vorbereiten kann – so Gott es ihm erlaubt, so lange zu leben. Er ist sowieso als Fürst mit seinen fast 34 Jahren für eine Heirat fast zu alt. Wie jung werden die Königskinder, ohne sie zu fragen, zur Ehe gezwungen!

Ihn zwingt niemand als eben diese Pflicht, an die ihn gar bald auch der Reichsrat erinnern und dazu drängen wird.

Ja, er wird heiraten, bald, so bald er sich in seine neuen Aufgaben und Pflichten etwas eingewöhnt hat. Seine Krönung war – im Gegensatz zu den prunkhaften Feierlichkeiten bei der Krönung Christines – im Schatten ihrer Abdankung sehr still verlaufen. Nun mochte in wenig Monaten, ehe die Schnee- und Eismassen des Winters Zufahrten nach Stockholm wie Lustbarkeiten hemmen, das Volk wieder seine Freude haben, wenn es auch nicht so kostspielig verschwenderisch zugehen soll wie unter Christine, die damals so viel sinnlose Ausgaben für sinnlose Pracht verlangte, daß die Reichsstände sich geradezu empörten. Sie hatte nicht danach gefragt, woher das Geld kam für edle Rosse aus England, Samt und Seide aus Frankreich, seltene Früchte aus Italien und die Münzen, die unter das Volk gestreut, der Wein, der aus dem Brunnen vor dem Schloß fließen sollte.

Er, der neue König, würde sparen und dennoch seinen Schweden, die im Grunde doch große Kinder waren, Freude gönnen. Die Hochzeit sollte – wenn auch mit geringeren Kosten – in Schweden, in der Hauptstadt Stockholm gefeiert werden und so würdig, wie er es dem Ansehen seines Landes schuldig war. Die goldene Kutsche, die Christine extra für ihre Krönung hatte anfertigen lassen, war wohlverwahrt noch vorhanden samt manchem anderen Prunk, der an jenem Tag geglänzt hatte, blanke Rüstungen, glänzende Waffen, vielfarbige Kleidung der Pagen und Offiziere, flatternde Fahnen, blitzende Hörner und Trompeten.

Die Gobelins, die noch kostbareren Gemälde, Marmorskulpturen und Bronzefiguren, mit dem das Innere des Schlosses geschmückt war, hatte sie zwar in hochgetürmten Wagen mitgenommen, doch was machte es? Er war sowieso nicht so sehr für die schönen Künste eingenommen. Sie waren ihm dadurch geradezu verleidet, daß Christine so leichtsinnig viel Geld, Geld des Volkes, dafür ausgegeben hatte.

Die Glocken würden läuten wie zu Christines Ehren, die Kanonen würden böllern, das Volk würde jubeln wie an jenem Tag.

Und er würde wieder in der goldenen Kutsche sitzen, nicht etwas bedrückt, unbehaglich als »Nur-Begleiter« neben der von Edelgestein und Goldgeschmeide strahlenden stolzen Christine, sondern als der König.

Und an seiner Seite würde der Platz seiner Braut sein, und ihnen beiden würden die freudigen Zurufe des Volkes gelten.

Seine Braut? Kennt er sie denn schon? Nun, er brauchte nicht mehr unter den Prinzessinnen Europas zu suchen und zu wählen. Das hatte Christine für ihn bereits getan, Christine, die immer über ihn bestimmt hatte, als wäre er nur für sie auf der Welt. Seltsam, er ärgerte sich nicht mehr darüber. Gott sei Dank! Er ist frei.

Er atmet tief auf. Frei! Frei! Welch wundervolles Gefühl! Wie dankt er dem, der ihn frei gemacht hat!

Doch ist er nun auch frei von den Verpflichtungen, die Christine, herrisch und anmaßend wie sie war, für ihn und an seiner Statt eingegangen war? Er hätte sich dagegen wehren, sie daran hindern sollen. War er solch eine Memme, stand er damals so unter ihrem Einfluß, daß er gegen ihre Wahl, die gar nicht seine Wahl war, nicht aufbegehrt hatte?

Er biß sich überlegend auf die volle Unterlippe. Nein, er muß sich selber in Schutz nehmen. Er hatte es gar nicht für wichtig gehalten, darauf einzugehen.

Er hatte es für einen ihrer oft verletzenden, oft auch absichtlich, boshaft zum Widerspruch reizenden Scherze gehalten, wenn sie ab und zu ihn mit dem lieblichen, artigen Bräutchen geneckt hatte.

Sie hatte ihn, das »gute Karlchen«, immer gerne geneckt. Ach, zum Narren hatte sie ihn gehalten.

Sein Pferd bäumte sich unter seinem harten Zügelreißen auf. Er beruhigte es – überlegte.

Hatte er nicht bis zum letzten, allerletzten Augenblick damit gerechnet, daß Christine ihn doch noch heiraten würde? War er nicht mit diesem Gedanken aufgewachsen, dafür erzogen worden? In wieviel Briefen hatte sie ihm ihre ewige Treue und Liebe versichert! Wie oft hatte sie gesagt: »Wenn ich heirate, dann nur dich.«

Er hatte nicht auf dies Wenn geachtet. Doch nach ihrer Abdankung war er ihr bis zum Öresund, bis sie nach Dänemark übersetzte, nachgeritten, um noch einmal um sie zu werben. War es aus Liebe? Aus Pflichtgefühl, gekränkter Ehre? Was soll er darüber jetzt noch nachdenken! Er ist frei!

Doch bei dieser letzten Begegnung, dieser letzten Werbung, da hat sie wieder darauf hingewiesen, daß sie für ihn eine Gemahlin bestimmt hätte, die besser für ihn passen würde als sie. Den Namen hatte sie ihm genannt. Wahrscheinlich hatte sie das schon früher getan, und er hatte nicht darauf geachtet, es einfach nicht hören wollen.

Doch jetzt fällt ihm der Name ein: Hedwig Eleonore von Holstein-Gottorp. Er weiß nicht mehr als diesen Namen von seiner zukünftigen Ehegefährtin. Doch wenn Christine in seinem Namen um sie geworben, ihr königliches Wort an seiner Statt gegeben hat, so muß er dies Wort auch halten. Ein Königswort gilt.

Und warum soll er schließlich nicht um diese junge, blonde Prinzessin freien? Es ist bei den Fürsten wohl Brauch, daß Ehen ohne gegenseitiges Kennenlernen geschlossen werden. Warum soll er es nicht auch so halten? Er liebt ja keine andere, auch nicht wie manche Könige eine außer ihres Schlosses, außer ihrer Ehe. Er erwartet auch keine Liebe, kann sie nicht erwarten, da er dieser jungen Prinzessin ebenso unbekannt sein wird wie er ihr. Dem Herzog Friedrich III. von Holstein-Gottorp, ihrem Vater, wird der König von Schweden als Eidam hoch willkommen sein. Die Holstein-Gottorper sind ein gesundes nordisches Geschlecht. Diese Hedwig Eleonore wird gleichfalls gesund und gewiß jung sein. Die Mutter seines zukünftigen Thronfolgers, seines Sohnes, der seine Pläne weiter ausführen soll!

Er will einen Sohn haben! Das ist die Hauptsache. Liebe? Ach, gewiß ist tief verborgen in ihm ein Sehnen nach Liebe. Ist es nicht in jedem Menschen? Und hat er, der äußerlich ein robuster, derber Kriegsmann ist, sich nicht immer nach diesem innigen Miteinander, diesem Einssein in Freud und Leid gesehnt, wie er es bei seinen Eltern miterlebt hat?

Doch ein König muß verzichten lernen. Er ist nicht für sich und sein Glück da, sondern für sein Volk und dessen Wohlergehen. Schweden braucht, verlangt einen Thronfolger. Noch in den Mitsommertagen wird er wieder aufbrechen. Ehe die Reichsstände zum erstenmal unter seinem Vorsitz zusammenkommen, soll es sein. In der Zeit der hellen Nächte, in der das ganze Volk singt, tanzt, feiert, kann er sich am besten für eigene Angelegenheiten frei machen.

Er wird mit prächtigerem Gefolge als bei seinem ersten Ausritt als König reiten, nach Holstein-Gottorp, um sein Wort einzulösen und seine Braut kennenzulernen, um den Hochzeitstermin und alle weiteren Umstände festzulegen.

Wieder beschließt der König, Stockholm für kurze Zeit zu verlassen, aufzubrechen, diesmal auf Brautschau ins Holsteiner Land.

Das fröhliche Abenteuer

»Das ist doch gar nicht nötig, das ist sogar des Königs eines großen Reiches wie Schweden nicht würdig, Majestät. Ihr seid es der Ehre Schwedens schuldig, von Eurem Vorhaben abzusehen«, widerspricht Magnus de la Gardie, der Karl X. Gustav in der Bibliothek des Stockholmer Schlosses Drei Kronen gegenüber sitzt.

»Hör auf mit diesem Majestät!« wehrt der junge König ab, »sind wir nicht Waffenbrüder, vor allem auch Schwäger? Schon meiner süßen kleinen Schwester Marie Euphrosyne, deiner Ehegattin, zuliebe, wollen wir an unserer Verwandtschaft festhalten.«

»Es geziemt, daß ich Eure Majestät mit der Euch zukommenden Majestät anrede«, entgegnet der schöne Magnus mit leisem Lächeln.

Karl Gustav überlegt. »Gut«, gibt er zu, »in der Öffentlichkeit vor den andern, ja, schon der Ehrfurcht vor der Krone Schwedens wegen bin ich auch für dich Majestät. Doch wenn wir unter uns sind, bleiben wir die Alten. Doch auch als Schwager, Kriegskamerad laß ich dich nicht hineinreden in das, was ich mir nun vorgenommen habe. Ich werde nach Holstein, nach Schloß Gottorp reiten.«

»Magnus ringt scherzhaft lachend die Hände. »Karlchen!« ruft er und läßt bewußt die feierliche Anrede des Souveränen beiseite. »Willst du dein frisch erwachtes, funkelnagelneues Selbstbewußtsein derart herauskehren, es bis zum Starrsinn entwickeln? Nimm doch guten Rat an!«

Karl X. Gustav steift den Nacken, beißt sich auf die Unterlippe, ist nun wirklich stolze »Majestät«. »Noch bist du nicht Reichskanzler, Magnus«, erwidert er trotzig. »Wenn ich dich auch als Nachfolger des alten Oxenstierna ausersehen habe, an dessen staatsmännisches Genie du allerdings nie heranreichen wirst. Und ich leider auch nicht«, fügte er bescheidener hinzu. »Ich weiß, Oxenstierna hat Christine gewarnt, ich wäre ein kriegerischer Herr und kein Staatsmann. Ich leugne nicht, daß dem so ist. Du hast damals in Paris als schwedischer Gesandter zwar gründlich versagt und Schweden viel mehr geschadet als genützt. Doch du warst ein junger Fant. Ich habe volles Vertrauen in die Weisheit Oxenstiernas, der dir als gereifterem Mann mehr Geschick zutraut. Du bist von deiner zukünftigen Ernennung schon unterrichtet. Aber so wenig sich Christine – leider – später dem Rat des genialen Oxenstierna beugte, um so weniger werde ich es bei dir tun. Dies sage ich dir im voraus!«

»Majestät!« murmelt Magnus de la Gardie verblüfft. Wie rasch ist dieser Karl Gustav, der so lange und so sehr ein rechter Untertan Christines war, zum selbstbewußten Herrscher geworden.

Erst nach einigen Minuten fängt sich der geschmeidige Höfling, der einstige Günstling Christines, wieder. Doch er bleibt bei der ehrfürchtigen Anrede des neuen Königs.

»Trotzdem, Majestät«, beginnt er aufs neue ernst und verbindlich, »wage ich Eurer Majestät noch einmal zu widersprechen. Majestät erwähnten soeben Paris. Wenn Majestät geruhen, sich das französische Königshaus zu vergegenwärtigen. Niemals hätte sich König Ludwig XIII. herabgelassen, seiner erhabenen Majestät eine weite Reise zuzumuten, um, bevor er sie heiratete, Anna von Österreich kennenzulernen. Da wurde von dem zuständigen Gesandten eines dieser üblichen Medaillonbilder vorgelegt, bei denen der edelsteingeschmückte Goldrahmen echter ist als der Puppenkopf, der wenig naturgetreu darauf gemalt ist, und danach wurde die Erwählte ins Land ihres zukünftigen Gemahls gesandt, dem Zeremoniell entsprechend von erwählten Edelleuten und Hofdamen an der Grenze abgeholt und in der Residenzstadt endlich mit mehr oder weniger Gepränge und bestimmt weniger oder mit gar keiner Liebe die Hochzeit gefeiert. So, Eure Majestät, ist es allgemein üblich, wie Eure Majestät wohl wissen, und Eure Majestät will als König von Schweden einer kleinen holsteinischen Prinzessin solche Ehre antun und nach Gottorp reisen! Majestät vergeben sich damit etwas, nein, viel.«

Karl X. Gustav stampfte mit dem Reiterstiefel ärgerlich auf den Fußboden. »Hör mir auf, mich mit diesem dauernden Majestät wild zu machen«, schilt er. »Damit erreichst du bei mir nichts, ob dein ehrfurchtvolles Gebaren nun Ernst oder Spott ist. Ich setze meinen Willen durch, und mein neu erwachtes Selbstbewußtsein wird noch stärker erwachsen. Das wirst du noch häufig erfahren. Immerhin habe ich trotz meiner Unterwürfigkeit Christine gegenüber als Offizier, als Generalissimus befehlen gelernt. Oxenstierna hat mich richtig beurteilt: ich bin ein kriegerischer Herr. Ich kämpfe nicht nur auf dem Schlachtfeld, sondern auch in friedlicher Umgebung. Ich setze meinen Willen durch.«

»Wie hast du dich verwandelt!« staunt Magnus de la Gardie.

»Nein«, entgegnet der junge König. »Ich habe mich nicht verwandelt. Ich bin endlich ich selber, und ich beuge mich nur noch vor meinem Gott. Ich erkenne nur noch seinen Willen und meines Volkes Willen an. Ich bin gewiß, daß es auch der höchste Herr billigt, daß ich es nicht nur mir, sondern auch meiner zukünftigen Ehegattin schuldig bin, diese Braut nicht nur nach schriftlichen Verhandlungen mit ihrem Vater und seinen Beratern zu heiraten, sondern daß ich sie persönlich kennenlerne, ehe ich mich an sie fürs Leben binde und sie sich an mich.

Es gibt mehr unglückliche als glückliche Fürstenehen. Ich will das Recht haben zurückzutreten, und sie auch.«

»Als wenn man ihr das erlaubte!« rief Magnus de la Gardie.

»Ich werde darauf bestehen«, beharrte Karl X. Gustav. »Meine Eltern haben sich lange vor ihrer Ehe gekannt, und sie sind einen guten Weg miteinander gegangen. Ich kann nicht verlangen, daß sich diese Gottorperin gleich in mich verliebt. Ich weiß, daß ich nicht solch ein Adonis (schöner Mann) bin wie du, und ich verstehe auch nicht wie du, mit fein gesetzten Worten Mädchenherzen zu gewinnen. Aber wir können uns wenigstens sympathisch sein und bereit sein, in Frieden und Vertrauen miteinander zu leben. Und darum will ich nach Gottorp und Hedwig Eleonore kennenlernen.«

Magnus de la Gardie schüttelt ergeben den Kopf. »Wem nicht zu raten ist, ist nicht zu helfen«, sagt er mit einem Seufzer. Doch dann blinkt es in seinen dunklen Augen so übermütig auf wie in seinen leichtsinnigen Jugendtagen.

»Doch einen Rat erlaube mit gütigst, liebster Freund und Schwager, einen Vorschlag«, bittet er.

»Und der wäre?« fragt Karl X. Gustav knapp, und es ist ihm anzusehen, wie starr er auf seinem Plan beharrt.

»Tu es mir und Schweden nicht an, daß du mit königlichem Gepränge in Schloß Gottorp aufkreuzt«, erklärt Magnus, »mir zuliebe, damit der alte Fuchs Oxenstierna und mit ihm die andern mir nicht den Vorwurf machen, ich hätte als meinen ersten Rat dich zu dieser Brautfahrt überredet. Reise schlicht und einfach als bescheidener schwedischer Edelmann, und ich, geliebtes Bruderherz, werde dich mit Freuden ebenso unbekannt begleiten. Natürlich sollen der Herzog von Holstein-Gottorp vorher unsere Ankunft und unseren wahren Namen avisiert erhalten. So wird dies Zusammentreffen weder hier in Schweden noch sonst irgendwo Anstoß und Aufsehen erregen, und das Kennenlernen kann so um so zwangloser gestaltet werden. Nun, wie wäre es damit?«

Die dunklen Augen des schönen Magnus blitzen Karl Gustav übermütig an, man merkt, wie er sich auf diesen Ausflug inkognito (unerkannt) freut, wie einst als junger unbeschwerter Leichtfuß an einem lustigen Spiel.

Karl X. Gustav blickt zu Boden, runzelt die Stirn, überlegt. Dann hebt er den Kopf, lacht herzhaft und laut. »Du bist unverbesserlich, Magnus!« sagt er. »Und so einer will Reichskanzler werden, der Nachfolger des weisen Oxenstierna! Doch, ich gebe es zu. Vielleicht ist gerade dieser Plan Weisheit, Lebensweisheit.

Bereite alles so unauffällig und so rasch wie möglich vor. Ich habe nie so jung und froh und frei sein dürfen wie du. Nun lockst du mich, daß ich es noch einmal, vielleicht das erste und letzte Mal bin. Wagen wir als zwei einfache, schwedische Edelleute dies fröhliche Abenteuer!«

Die Brautfahrt

Karl Gustav und Magnus de la Gardie waren in Schleswig angekommen. Ich füge absichtlich nicht »der Zehnte« hinzu, denn Karl
Gustav war nicht als König gereist. Sie waren beide als schwedische
Edelleute gut, aber nicht ihrem höheren Stande entsprechend ge-
kleidet. Sie hatten für die Überfahrt nicht in Stockholm, sondern in
Nyköping eine bescheidene Fregatte bestiegen, deren Kapitän von
Magnus de la Gardie eingeweiht worden war. Sie hätten sowieso
kein großes, der königlichen Würde entsprechendes Kriegsschiff
wählen können, da die Schlei, die schmale Meeresbucht, an der
Schleswig lag, nur für kleinere Seeschiffe befahrbar war.

Die Abfahrt hatte sich trotz Karl Gustavs Ungeduld etwas verzö-
gert. Es war inzwischen Ende Juli geworden. Seine Krönung, die
nicht mit großem Pomp, wie die Christines vor vier Jahren in
Stockholm – sondern gleich nach Christines Abdankung in Uppsala
vollzogen worden war, hatte im Schatten dieses Ereignisses gestanden und war ohne Gepränge verlaufen.

Bei der nächsten Einberufung der Reichsstände, der ersten nach seinem Regierungsantritt, hatten sie ihn als ihren König zu begrüßen
und ihm zu huldigen. Es war zu verwundern und zu bewundern,
wie sich dieser bisher so zurückhaltende, bescheidene Mann, der
bisher im Schatten Christines gelebt hatte, so rasch zum König,
zum Herrscher gewandelt hatte. Stolz und aufrecht stand er vor ihnen, und ein Raunen ging durch die Reihen. Bei den einen mochte es
Freude, Anerkennung, neues Hoffen auf eine bessere Zukunft sein,
bei den andern nur Staunen, bei dem Adel vor allem, der den »Pfälzer«, den »Wittelsbacher« von vornherein abgelehnt hatte, Verblüf-
fung, Mißtrauen. Das war unversehens ein ganz anderer Karl Gustav geworden, einer, mit dem sie nicht nach ihrem Belieben um-
springen konnten, der ihnen gewachsen war.

Es gab noch viel mehr zu verwundern an diesem Tag. Karl X. Gustav stellte Magnus de la Gardie als seinen Reichskanzler vor. Es
wäre keine Vetternwirtschaft, betonte er. Er hätte ihn nicht gewählt, weil es sein Schwager wäre, sondern auf den Rat Oxenstiernas.

Ein Raunen, eine Unruhe ging durch die versammelten Würdenträger. Oxenstierna! War der nicht in jahrelanger Fehde mit Karl Gustavs Vater gestanden? War er nicht zuletzt bei Christine in Ungnade verfallen, weil er sie zur Mäßigkeit ermahnt hatte, ihr seine Ratschläge überdrüssig waren?

»Ja, Oxenstierna«, betonte der König, und er beugte sich ehrfurchtsvoll vor diesem genialen Staatsmann, dem Vertrauten Gustav Adolfs, der seit dieses großen Königs Tagen Schweden mit seinen Gaben gedient hatte. Er würde ihn auch weiterhin bei allen wichtigen Fragen um Hinweise bitten und ihm sein vollstes Vertrauen schenken. Hätte der Greis nicht selber darum gebeten, wegen seines Alters, seines Gesundheitszustandes den jüngeren an seine Stelle zu setzen, hätte er nie Magnus de la Gardie sein hohes Amt übertragen.

»Magnus de la Gardie!« wieder war ein unterdrücktes Grollen im Saal. Hatte dieser lockere Vogel nicht Unsummen in Paris verschwendet, gute, harte schwedische Riksdaler?

Karl X. Gustav fuhr unerschütterlich gelassen fort: »Ich verspreche, daß ich mich der größten Sparsamkeit befleißigen und darauf achten werde, daß es an jeder verantwortlichen Stelle geschieht. Mögen manche von euch mich um des von meinem seligen Vater ererbten Geizes bezichtigen? Er hat damals durch seine Sparmaßnahmen Gustav Adolfs Siegeszug ermöglicht. Ich will mit Gottes Hilfe Schweden wieder zu Wohlstand verhelfen. Mein Wahlspruch und auch der Eure sei: Mit Gottes unseres Herrn Hilfe für Schweden!«

»Mit Gottes Hilfe für Schweden!« fielen die Reichsstände ein.

Karl Gustav merkte, daß er die Mehrheit von ihnen für sich gewonnen hatte. Er atmete tief auf.

Da ertönte von den Bauern her eine kräftige Stimme: »Und wie ist es mit dem Thronfolger, Herr? Wollt Ihr uns auch wie Christine damit vertrösten und an der Nase herumführen?«

Karl X. Gustav lachte dröhnend, reckte sich auf, stand mit gespreizten Beinen vor ihnen. »Sehe ich aus, als würde ich wie meine königliche Base katholisch und gar ein Mönch werden? Noch in diesem

Jahr, ehe der Schnee fällt, sollen in Stockholm die Hochzeitsglok-
ken läuten!«

Fröhlicher Beifall von allen Seiten antwortete.

»Wartet nicht zu lange!« rief ein weißhaariger Bauer, »ich möchte es
noch erleben, daß hier ein Thronfolger vorgewiesen wird, wie ich
einst Christine erlebte.«

»Wartet nicht zu lange!« wiederholte Oxenstierna mit zitternder
Stimme, die nur dicht bei dem König vernehmbar war. »Meine Tage
sind gezählt.«

»Ihr werdet mit uns allen meine Hochzeit feiern und, will's Gott,
im nächsten Jahr Pate stehen bei der Taufe des Thronfolgers«, versprach der junge König dem bewährten Diener Schwedens.

Jubel brach los. Er hatte sie gewonnen. Doch nun hieß es, sein Versprechen zu halten, das Wort eines Königs.

Und so war er denn nun in Schleswig angekommen und mit ihm
Magnus de la Gardie. Man sah dem neuen Kanzler, der schon lange
kein blutjunger Luftikus mehr war, sondern ein braver Familienva-
ter, an, welch Vergnügen ihm dieses Unternehmen ohne alle Würden und ohne Zwang zur Würde letztlich nun doch machte.

»Ach Bruderherz!« rief er und breitete die Arme aus, als sie an Land
gestiegen waren, »am liebsten möchte ich nun mit dir tagelang unerkannt herumschweifen, gen Norden durch Dänemark, so wie
Christine durch ganz Jütland als Graf Dohna ritt.

»Sag lieber herumvagabundierte, einer Königin durchaus unwür-
dig«, fiel Karl X. Gustav verdrossen ein. »Zuletzt noch eine Begegnung mit der Dänenkönigin herbeiführte, obwohl sie wohl weiß,
daß demnächst bei mir, dem als ›kriegerischer Herr‹ Bezeichneten,
ein neuer Kriegszug gegen Dänemark fällig ist. Sie selber hat ja sogar
schon einer Fehde gegen die Dänen beigestimmt, so abhold sie jedem Kampf ist. Und dann fädelt sie solch ein Treffen ein, bildet sich
ein, es erführe keiner, und eine Woche später posaunt es schon der
spanische Gesandte aus Kopenhagen aus. Sie wird uns noch manchen Verdruß bereiten!«

»Immer noch beleidigt wegen ihrer Ablehnung?« fragte Magnus de

la Gardie spöttisch. »Geh doch, du wirst hier als Freier willkomme-
ner, hoch willkommen sein.«

»Ich trauere Christine nicht nach«, widersprach Karl Gustav. »Im
Gegenteil: Ich danke dem Herrn, daß er mich frei gemacht hat.
Aber heute . . .« Er reckte sich, daß seine Brust sich weitete. »Ich
bin frei!« wiederholte er. »Ich bin überzeugt, daß ich mich noch oft
über sie ärgern werde wie über dieses Herumstreifen in Dänemark,
diese taktlos von ihr herbeigeführte Begegnung mit der dänischen
Königin. Ich werde mich über ihre zukünftigen Eskapaden (Strei-
che), ihre Maßlosigkeit im Fordern von Geld, ihr launenhaftes,
überspanntes Benehmen zwar fernerhin häufig empören, wie es
Oxenstierna und der Reichsrat tun werden. Doch mein Herz,
meine Seele ist frei von Christine. Ich bedaure nur als König, daß
sie die Ehre Schwedens und ihres großen Vaters mit Füßen tritt.
Mich selber als Mensch, als Mann bedaure ich nicht.«

Er blickte ernst ins Weite, als sähe er in der Ferne die ihm immer
fremder werdende Abenteuerin, die eine geniale Frau, die »Sibylle
des Nordens« genannt worden war, die auch eine große Königin
geworden wäre, größer als der schlichte Karl Gustav, wenn nicht
die Unrast, die Zwiespältigkeit in ihrem Blut gewesen wäre.

»Bist du ein wenig bange vor der Begegnung mit der zukünftigen,
der neuen Königin?« fragte Magnus verständnislos. »Laß dir den
wunderschönen blauen Sommertag nicht verdunkeln! Ich werde als
Diplomat dafür sorgen, daß du die Auserwählte genügend ansehen
und dich sogar mit ihr allein unterhalten kannst. Und nun vorwärts,
Majestät: Mit Gottes Hilfe für Schweden!«

114

Im Schloßpark von Gottorp

Karl Gustav und Magnus schritten langsam am Ufer der Schlei entlang.

Der gewandte schlanke Höfling de la Gardie musterte den etwas steif und gedrungen, aber kraftvoll wirkenden König mit spöttischem Augenzwinkern von der Seite. »Nun zögern Eure Majestät nach so viel Ungeduld, die Auserwählte endlich zu sehen?« scherzte er.

»Ich hatte sie mir nicht auserwählt, sondern selbstherrlich, wie sie mir gegenüber immer war, meine königliche Base Christine. Es sollte wohl ein Abschiedsgeschenk für mich sein, ihren ewigen Freier, wie sie über mich höhnte. Es ist mir noch selten etwas Gutes von ihr gekommen!«

»Oho«, widersprach Magnus, »und die Krone Schwedens? Gilt sie Eurer Majestät nichts?«

»Sie gilt mir viel, das höchste Erdengut!« beteuerte Karl Gustav, »aber du weißt, daß ich nicht gerne die schwere Last auf mich nahm, König zu sein. Und mag diese Ehe nicht noch eine weitere Last bedeuten?«

»Kopf hoch! Majestät! Tapfer vorwärts, alter Krieger!« ermunterte Magnus lachend. »Seht wie der Turm des alten Doms so steil gen Himmel zeigt!«

»Ja«, sagte der junge König ernst. »Er weist mich zu dem, der mein und Schwedens Geschick in Händen hält.«

»Ein Riesenbau ist dies Schloß«, redete Magnus munter weiter. »Man sollte nicht meinen, daß es nur einem kleinen Fürsten gehört. Nun seiner Körperfülle nach ist dieser Herzog Friedrich ja nicht gerade klein. Und schau, Bruderherz, da eilen uns zwei ebenso gewichtige Herren entgegen, soweit man bei diesen schwerfälligen Holsteinern, zäh wie ihre Erde, von Eile sprechen kann! Von jetzt ab seid Ihr für mich wieder die hohe Majestät!« Er lachte vergnügt.

»Ich fürchte, es spukt doch noch viel von deinem jugendlichen Leichtsinn in dir«, grollte Karl.

Es war keine Zeit mehr für Magnus, darauf zu erwidern, sich zu verteidigen. Er sowohl wie Karl Gustav mußten den Würdenträgern, die sie abholten, ebenso würdig entgegensehen, wohlgesetzte Worte tauschen und sich zum Herzog geleiten lassen.

Der behäbige Herr begrüßte sie mit lauter Herzlichkeit. Er nahm an, daß solch eine Seefahrt gewiß ihren Appetit angeregt hätte, der bei ihm übrigens auch an Land vorzüglich wäre. Mit derbem schallenden Lachen schritt er mit ihnen in den Speisesaal, wo ihrer die Herzogin wartete.

Nach der Tafel, die im kleinen Kreis stattfand, deren echt holsteinische kräftige Speisen wohl gewürzt waren, nicht aber die Unterhaltung, die dabei nur spärlich und steif geführt wurde, stimmte Magnus der liebwerten Frau Herzogin in seiner geschmeidigen Art lebhaft zu, als sie einen Spaziergang durch den Park vorschlug.

Karl Gustav war etwas ärgerlich über seines Schwagers gewandtes Benehmen, das dieser wohl von seinen französischen Vorfahren geerbt hatte, und zugleich war er wiederum ärgerlich über sich selber, daß er sich über diese so angemessenen wohlgesetzten Worte seines neuen Reichskanzlers ärgerte.

Er fühlte sich sowieso nicht wohl in seiner Haut und war durchaus nicht mehr selbstbewußter König, sondern eher unbeholfener Freier. Nur gezwungen lachte er höflich, als der Herzog seiner Gemahlin dröhnend beipflichtete: »Gewiß, ein Verdauungsspaziergang!«

Magnus erwies sich wiederum als gewandter Diplomat, der es gemäß seines Versprechens rasch bewerkstelligte, daß Karl Gustav mit der jungen Prinzessin allein gelassen wurde. Natürlich nicht völlig allein, das würde ja jeder guten Hofsitte, ja sogar der Sitte der braven Bürger widersprochen haben. Aber die beiden gingen voraus, und die andern folgten in gewissem Abstand. Vielleicht hätte es gar nicht besonderer Staatskunst des Herrn Reichskanzlers dazu bedurft. Er hatte bestimmt zuvor schon dem herzoglichen Paar einen Wink gegeben, daß dieser Besuch ja zu einem persönlichen Kennenlernen bestimmt wäre. Und außerdem hätte es sich beinahe von selber ergeben.

Karl Gustav verstand sich nicht aufs geruhsame Spazierengehen. Er strebte mit den langen, wiegenden Reiterschritten vorwärts, und er stellte endlich – über eine Kleinigkeit zufrieden – fest, daß seine zukünftige Gemahlin nicht so zierlich und geziert dahertrippelte, wie es bei den Damen bei Hofe Brauch war, sondern brav mit ihm Schritt hielt.

Die Brauteltern folgten mit Magnus gemessener. Manchmal erschallte ein kräftiges Lachen des Herzogs und die gefällige Stimme des beredten Herrn Reichskanzlers bis zu den beiden hin. Daß die alte Gräfin und ihr Vetter, der gichtige Oberhofmeister, noch langsamer gingen und die Nachhut bildeten, war wohl verständlich. –

Somit wäre denn Karl Gustav recht ungestört mit seiner Auserkorenen, das heißt, wer hat sie für ihn auserkoren? Er selber nicht! Christine. Und nun soll er die Suppe auslöffeln, die sie ihm eingebrockt hat! Nun, irgendeine hätte er ja sowieso heiraten müssen. Er darf, will seine Schweden nicht wieder enttäuschen, sie an der Nase herumführen, wie es Christine getan hat. Nur solch ein junges Ding, beinahe ein Kind noch, eine, die genau halb so alt ist wie er selber, hätte es nicht zu sein brauchen. Oder ist es vielleicht doch richtig so? Christine ist ja eine kluge Frau! Ach Christine, immer wieder Christine! Er muß schon wieder mit der Hand leicht vor seiner Stirn durch die Luft schlagen, um diese Gedanken an Christine abzuwehren.

»Hat Euch eine Biene gestochen?« fragt eine zaghafte Stimme neben ihm.

»Nein – ja, irgendein Insekt«, wehrt er ab.

»Wir haben sehr gutes Arnikawasser gegen Mückenstiche. Soll ich es holen oder . . . oder holen lassen?« schlägt die gleiche Jungmädchenstimme vor. Hedwig Eleonore hat sich schon halb umgewendet.

»Nein, nein«, wehrt er ab und faßt dabei leicht nach ihrem Arm. »So ein winziger Stich macht einem alten Krieger nichts aus.«

Nun sieht er wieder nur das Seitenprofil seiner Begleiterin, eine kindlich weiche, heiß gerötete Wange verrät ihre Verlegenheit. Ein schmales längliches Gesicht hat sie. Sie ist nicht so, wie er sie sich vorgestellt hat, sie ist keine derbe, kräftige Holsteinerin, die vielleicht besser zu ihm paßte. Schlank ist sie, mit frischer Gesichtsfarbe, zartgliedrig, beinahe zierlich.

Ach, daß er so gar nicht versteht, mit solch zierlichen jungen Damen zierliche Gespräche zu führen. Bei seinen Schwestern, die schon alle drei längst Ehefrauen und Mütter sind, waren solch gedrechselte Worte nicht nötig. Und mit wem sollte er sie sonst gewechselt haben?

Christine! Der hat er mit großer Sorgfalt und Mühe aus dem Felde wohlüberlegte, zärtliche Briefe gesandt, worin er ewige Treue und Liebe versicherte, wie sie es ebenfalls getan hat.

Doch wenn er ihr so etwas mündlich gesagt hätte, dann hätte, dann hätte sie ihm bloß ins Gesicht gelacht. Nein, sie wäre doch nicht die rechte Frau für ihn gewesen! War sie überhaupt eine rechte Frau, wäre sie eine liebe Gefährtin, eine gute Mutter geworden? Nein, nein. Wahrscheinlich wird er es mit diesem jungen Prinzeßchen besser treffen.

Doch was soll er bloß mit dieser kindlichen Hedwig Eleonore reden? Die kostbare Zeit verstreicht. Sie dürfen doch nicht umsonst diese Reise übers Meer gemacht haben!

Mit einem plötzlichen Entschluß beginnt er – allerdings stockend: »Eure Heimat hier ist recht schön.«

»Ja!« erwidert die Prinzessin leise.

Er sucht weiter nach Worten. »Sie gleicht mit den weiten fruchtbaren Feldern, den grünen Weiden mit dem stattlichen Vieh Südschweden!« fährt er fort.

»Ja«, hallt es zurück – sehr schüchtern.

»Kennt Ihr Schweden? Wart Ihr schon einmal dort?« fährt er seine Unterhaltung fort.

Das Ohr, die Wange neben ihm werden noch röter. Natürlich hat sie als das erstemal töricht »Ja« geantwortet. Wie kann sie wissen, wie Schweden aussieht, wenn sie noch nicht da war und jetzt »Nein« erwidern muß? Aber seine Frage war schließlich ebenso dumm, wirft er sich insgeheim vor. Wenn sie schon einmal in

Schweden gewesen wäre, hätte er es bestimmt erfahren. Sie würde nicht als Mann gekleidet oder verkleidet wie Christine in fremdem Land herumstrolchen! Und wieder Christine!

Er gibt sich einen Ruck, bleibt stehen und sagt lauter, beinahe befehlsmäßig: »Nun schaut mich mal endlich an! Ich weiß noch nicht einmal, was für Augen Ihr habt. Bei Tisch habt Ihr sie immer niedergeschlagen!«

Sie wendet sich ihm zu. Zwei große dunkelblaue Augen blicken ihn aus einem rosigen Kindergesicht tief erschrocken an. Ihr Mund zuckt, und nun erschrickt Karl Gustav und sagt: »Ich habe Euch erschreckt!« – O dieser Kreis von Erschrecken wie vorhin mit Ärgern! Er erschreckt das blonde kindliche Mädchen an seiner Seite, und er erschreckt über sich selber. – »Verzeiht! Das wollte ich natürlich nicht«, beruhigt er sie. »Ihr werdet noch oft von meiner Art, die ich vor allem im Kriege erworben habe, entsetzt sein. Ich werde Euch enttäuschen!«

»Oh«, antwortet sie und blickt schon wieder tapferer drein, »ich werde Eure Liebden noch viel mehr enttäuschen. Ich kann nicht acht oder noch mehr Sprachen, ich kann nicht . . .«

Nun lacht Karl Gustav auf, fällt ein: »Darüber bin ich wirklich nicht entsetzt«, versichert er. »Im Gegenteil! Eine Frau soll eigentlich nicht so viel gelehrter sein als der Mann. Ich bin gleichfalls nicht so in Sprachen bewandert. Allerdings hat Christine (oh, wieder diese Christine!) gesagt, ich wäre nicht so dumm, wie ich aussehe. Ich habe bei meinem überaus gelehrten Vater sogar Latein lernen müssen. Warum, weiß ich allerdings nicht. Also ganz so dumm, wie ich aussehe, bin ich nicht. In dieser Hinsicht kann ich Euch beruhigen.«

Jetzt hört er endlich ein leises Lachen. Er atmet auf. Was war das bis jetzt eine peinliche Situation.

Doch jetzt scheint das junge Ding an seiner Seite aufzutauen. »Ich habe auch mancherlei lernen müssen«, erzählt die Prinzessin, »und wenn ich die Mittel hätte, würde ich die schönen Künste und Wissenschaften wohl unterstützen!«

»O weh!« entfährt es dem Schwedenkönig.

Diesmal erschrickt die Prinzessin nicht. Sie wehrt aber eifrig ab.

»Ich werde bestimmt keine Schulden machen. Ich werde nur so viel ausgeben, wie ich darf, was ich an Geld erübrigen kann!« versichert sie. Ah, sie hat von Christines und deren Mutter Verschwendungssucht gehört!

»Je mehr sich Schwedens Wohlstand wieder hebt«, erklärt der Schwedenkönig stolz, »desto mehr Einkünfte aus den Krongütern werden auch meiner Gemahlin zur Verfügung stehen.«

Danach wissen sie beide wieder nicht, was sie reden sollen.

»Ich – ich kann auch gut reiten«, spricht die junge Prinzessin nach einigen Augenblicken weiter. »Aber nicht so gut wie – wie . . .«

Karl Gustav fühlt sich immer wohler. Er beschwichtigt sie, wie man ein Kind tröstet. »Ihr braucht mit mir keine Hetzjagd zu machen wie . . .«

»Sagt nur getrost: wie Christine«, fällt das junge Ding schon viel freier ein. »Ich werde nie an sie herankommen, und – und damit keine Unklarheit zwischen uns besteht – die andern werden es Euch vielleicht verschweigen, falls Ihr es nicht sowieso schon erfahren habt – und man muß es Euch doch gestehen – heißt es nicht in der Heiligen Schrift: ›Dem Aufrichtigen läßt es Gott gelingen‹? Ihr kennt und lest doch auch die Heilige Schrift. Sie ist mir sehr lieb und schon oft ein Trost gewesen und, wie geschrieben steht, ›meines Fußes Leuchte und ein Licht auf meinem Wege‹.«

»Gewiß liebe ich Gottes Wort und bemühe mich, nach seinen Geboten zu wandeln, und erbitte mir von dem höchsten Herrn die Weisheit, die ein König braucht und die ich mir erbeten muß«, versichert Karl Gustav und blickt die Prinzessin dabei sehr ernst und fest mit seinen guten Augen an.

»Das ist schön!« sagt sie leise.

Und dann lacht Karl Gustav wieder auf. »Aber, Ihr habt Euch jetzt schön verhaspelt, wenn es auch gute Worte waren, die Ihr eben gesprochen habt und Ihr mich damit sehr erfreut und für unsern gemeinsamen Lebensweg ermutigt habt«, hält er ihr vor. »Ihr habt mir gar nicht mitgeteilt, was ich unbedingt erfahren soll. Was ist das denn für ein Geheimnis? Ist es sehr schlimm? Müßt Ihr Euch dessen schämen? So behaltet es für Euch! Ich vertraue Euch auch so, seit ich in Eure Augen gesehen habe.«

Sieh da, auf einmal kann er sogar schöne Worte machen. Ob Hedwig Eleonore darauf achtet?

Sie schaut nun wieder zu Boden, zögert. Dann hebt sie den Kopf und sieht ihn offen an. »Schämen muß ich mich nicht«, erwidert sie. »Kurzum: ich war schon einmal verlobt, mit einem mecklenburgischen Prinzen.«

Karl Gustav starrt sie verblüfft an. »Und warum ist die Verlobung gelöst worden?« fragt er. »Wer war schuld?«

»Schuld?« wiederholt sie, und es zuckt um ihren kleinen roten Mund. Aber es wird nur ein klägliches Lächeln. »Eigentlich Ihr, Eure Liebden«, antwortet sie dann tapfer.

»Ich?« staunt er, »aber ich kenne den Herrn Mecklenburger doch gar nicht.«

»Gewiß nicht«, gibt sie zu, »aber als Ihr um mich freitet, da mußte er zurücktreten.«

»Warum?« forscht er.

Sie lächelt wiederum, und diesmal zittert sogar ihre schöne schmale Nase vor kindlichem Übermut. »Und das wißt Ihr nicht, und wollt doch klüger sein als«

»ich aussehe«, fällt er ein und lacht nun auch. »Doch ich verstehe es jetzt. Wißt Ihr, ich bin immer langsam von Begriff gewesen. Ja, nun lacht einmal von Herzen, falls Euer Herz nicht bricht ob dieser Trennung von Eurem ersten Verlobten. Ich verstehe, daß ein König ein wenig mehr ist als ein Prinz, und ein König eines Landes wie Schweden erst recht. Natürlich nur vor den Menschen und nicht vor Gott. Und Euer Herr Vater erwartet wohl, daß ich als kriegerischer Herr ihm auch noch dazu verhelfe, daß ihm die Dänen sein Holstein wieder herausrücken. Ist es so?«

Sie nickt. »Das ist doch nicht schlimm und zum Schämen?« fragt sie und ist wieder etwas scheuer und schüchterner.

»Schlimm und zum Schämen ist es aber, wenn ich Euch zwinge,

mich zu ehelichen, wenn Euer Herz einem andern gehört«, sagt
Karl Gustav ernst. »Ich werde verzichten, um Eurem Glück nicht
im Wege zu stehen.«

»Mein Herz hat keinem andern gehört«, antwortet sie langsam.
»Werden wir Fürstenkinder denn überhaupt nach unserm Herzen
gefragt, wenn man uns verheiratet? Ist denn Liebe dabei, wenn
Prinzessinnen von dem Herrn Vater mit einem fremden Mann ver-
ehelicht werden?«

Er faßt nach ihrer Hand. »Ich kann auch noch keine Liebe von Euch
verlangen und Ihr nicht von mir«, spricht er sehr eindringlich auf
das junge Mädchen ein, »aber meine Eltern hatten eine gesegnete
Ehe, die auf den Glauben an den gemeinsamen Herrn und auf Liebe
zueinander gegründet war. Könnte es nicht . . .«

Sie schaut zu ihm auf. »Ja«, antwortet sie fest, »es könnte bei uns
auch so werden. Und –« dabei leuchtet ihr Gesicht in einem schel-
mischen Lächeln auf, »wenn ich auch nicht Eure erste Liebe bin, so
– so möchte ich wohl gerne Eure letzte sein!«

Karl Gustav hält ihre Hand noch fester. Mit seiner Linken schlägt er
noch einmal durch die Luft. Fort mit dir, Christine!

»Hat Euch wieder ein Insekt gestochen?« erkundigt sich seine junge
Braut.

»Ich habe es ein für allemal weggescheucht!« antwortet er, und dabei fühlt er sich so frei, so frei.

Er behält ihre Hand in der seinen, wendet sich mit Hedwig Eleonore zu dem ihnen folgenden Herzogspaar um.

»Dürfen wir um den elterlichen Segen bitten?« ruft er ihnen fröhlich
zu. »Das Bräutchen ist zwar noch etwas jung für mich alten Krieger,
aber es will es mit mir wagen.«

»Ich werde am 23. Oktober schon achtzehn Jahre!« beschwert sich
die Braut.

»Famos!« lobt der Bräutigam, »dann erwarten wir Euch zum Geburtstag in Schweden und am folgenden Tag wird die achtzehnjäh-
rige Prinzessin meine Königin! Dann feiern wir mit allem gebüh-
renden Glanz Hochzeit in Stockholm.«

122

König Karl X. Gustav und sein Schwager, der Reichskanzler Magnus de la Gardie, stehen nebeneinander an der Reling des Schiffes, das sie ostwärts nach Schweden zurückbringt.

»Bist du zufrieden?« fragt Magnus.

»Nicht nur zufrieden, sondern glücklich«, erwidert der König.

»Hat die kleine Hedwig Eleonore sogleich dein Herz gewonnen?« erkundigt sich Magnus schmunzelnd. »War es Liebe auf den ersten Blick?«

»Ich hoffe, daß es rechte Liebe wird«, antwortet Karl Gustav. »Glücklich bin ich, weil ich frei bin, frei!«

»Frei?« staunt Magnus, »ich denke, du hast dich an die Holsteiner Prinzessin gebunden?«

»Das verstehst du nicht, lieber Schwager, du bist nicht immer so klug, wie du aussiehst«, scherzt Karl Gustav.

Wie kann Magnus ahnen, warum er sich so frei fühlt! Frei von Christine.

In Gottes Hände

Einhundertundein Salutschüsse donnerten über Stockholm. Sie verkündeten dem Volk, daß ein Thronfolger geboren ist. Dieses Mal wurde das Volk nicht betrogen, wie es zuerst samt Gustav Adolf bei Christines Geburt betrogen worden ist. Es war wirklich ein Sohn!

»Ein Sohn, ein Prinz, meine Herren, ist geboren!« rief Karl X. Gustav laut und schallend den Reichsständen zu, die in dem großen Saal warteten.

Sie drängten sich um ihn, wollten ihm glückwünschend die Hand drücken.

Ein weißhaariger Bauer faltete die Hände und betete mit rauher Stimme: »Gott, unser Herr, ich danke dir, daß ich es noch erleben durfte, so wie vor fast genau 29 Jahren ich unserem hochseligen König Gustav Adolf zur Geburt seines Erben Gottes Segen herabflehte, des Erben, der eine Erbin war, Christine! Herr, segne diesen künftigen König wie seine Eltern.«

Karl Gustav wischte sich über die gerötete Stirn. Es war bitter kalt in dem Saal, der sogar im Sommer noch trüb und düster ist und der an diesem Dezembertag, an dem die Schneeflocken draußen wirbelten, weder durch die Fackeln an den Wänden noch durch flammende Holzscheite in den Riesenkaminen zu erwärmen war.

Doch Karl X. Gustav war es heiß, heiß vor Freude, vor Glück. Oder wollte er die schwarzen Vögel mit dieser Handbewegung fortscheuchen, die wiederum über seinem Kopf flatterten, die Erinnerung an Christine abwehren? Diese Christine, die immer wieder vor ihm auftauchen wollte! –

Karl X. lacht kurz auf. Fort damit! Sie hat keine Macht mehr über ihn. Er ist frei! Und er hat einen Sohn! Und nun wird das Lachen wieder ein Lachen des Glücks.

»Meine Herren«, ruft er wieder in den Saal, »wir feiern zusammen, wenn die Taufe des Kronprinzen stattfindet! Wir feiern an dem

Tage gleichzeitig den Sieg über Polen. Ihr sollt mich bei dieser Gelegenheit nicht knauserig schelten.«

Ein Rufen, ein Jubel bricht los. Karl X. Gustav steigt die Stufen zum Thron hinauf. Er setzt sich nicht. Er steht hoch aufgerichtet, stolz. Doch als er mit einer Handbewegung Ruhe geboten hat, verkündet er ernst und gesammelt:

»Wir werden morgen zuvor schon in einem Dankgottesdienst Gott die Ehre geben und den Herrn aller Herren um seinen Schutz und Segen für das Kind und uns alle bitten, um Gottes Hilfe für Schweden. Wir befehlen es in Gottes Hände.«

Er springt gewandt die Stufen hinab. »Ihr werdet verstehen, meine Herren, daß ich mich jetzt zur Königin begebe, die sich inzwischen wohl so weit von ihrer schweren Stunde erholt hat, daß ich sie besuchen und auch ihr danken und mit ihr Gott dem Herrn danken darf. Für euch alle ist in den unteren Sälen des Schlosses ein Festmahl bereitet.«

Lachend fügt er hinzu: »Doch laßt eure Freude nicht zu laut und lärmend werden, meine Herren, damit unser Prinz nicht gestört wird.«

»Noch nie bin ich so voller Glück gewesen«, gesteht er kurz danach seiner jungen Gemahlin, die erschöpft, aber lächelnd in ihrem breiten Bett liegt.

Er atmet tief, wie befreit, seine Brust weitet sich, und er fügt hinzu: »Und so voller Dank! Dank unserm Herrn und Gott, dem wir auch noch gemeinsam danken werden, wenn du dich wieder kräftiger fühlst. Und Dank auch dir!« Er beugt sich zu ihr herab, küßt sie so sacht, wie es seiner derben Art nur möglich ist, auf die blasse Wange.

»Ich muß mich bei dir entschuldigen«, sagt er schuldbewußt, »ich habe dich in den vorausgegangenen schweren Monaten, im ersten Ehejahr in diesem für dich noch recht fremden Land viel allein gelassen. Verzeih! Ich werde in diesen Wintertagen mehr Zeit für dich haben. Für dich und unseren Sohn.«

»Ein König hat anderen, wichtigeren Dienst als Frauendienst, und sein Volk geht vor seiner Familie. Es ist seine größere Familie«, erwidert Hedwig Eleonore. »Und ich bin gewiß«, fügt sie lächelnd hinzu, »im Frühling wirst du weiterkämpfen.«

»Ja, das werde ich«, gibt er zu. »Wenn ich auch Polen erobert habe, gibt sein König noch keine Ruhe. Ich muß dort zu einem endgültigen Frieden kommen. Und dann . . .« Er bricht ab, blickt auf die Wiege, in der sein Sohn schläft.

»Ich habe noch so viele Pläne«, sagt er langsam und nachdenklich. »Nicht nur Kriegspläne. Wenn mich Oxenstierna auch einen kriegerischen Herrn nannte, so bin ich doch kein Kriegsmann, um zu rauben, zu plündern, Unrecht zu begehen. Ich kämpfe für das Recht meines Volkes. Ich habe auch Aufgaben des Friedens, und es tut mir nicht nur seinetwegen, sondern auch meinetwegen, Schwedens wegen leid, daß der große Staatsmann Oxenstierna von Gott abberufen wurde und mir nicht mehr zur Seite stehen kann. Ich habe so viel, viel vor, aber was ich nicht mehr ausführen kann, das wird er, mein Sohn, vollenden.«

»Oh, Karl Gustav«, wehrt die junge Königin, »du bist noch auf der Höhe deiner Manneskraft. Du hast noch ein langes Leben vor dir« – sie zögert – «so Gott will.«

Der König nickt. »Ja, so Gott will«, stimmt er bei. Der Psalmist sagt: ›Meine Zeit steht in deinen Händen.‹ Wir befehlen uns alle in Gottes Hände.«

Wie König Gustav Adolf hat auch Karl X. Gustav die Ahnung seines frühen Todes nicht betrogen. Es war ihm nicht bestimmt, alle seine Pläne zu verwirklichen. Doch in den Jahren, die ihm noch beschieden waren, hat er für sein Volk viel geleistet.

Er hat Polen endgültig besiegt und zum Frieden gezwungen. Er führte mehrere Feldzüge gegen den alten Erbfeind Dänemark, um ihm die nach seiner Ansicht Schweden zustehenden Gebiete zu entreißen.

Tollkühn führte er im Februar 1658 sein Heer über die gefrorenen Belte der Ostsee, nach Fünen und Seeland, nachdem er im Jahr zuvor schon Jütland erobert hatte.

Wie sein großer Vorgänger Gustav Adolf starb er mitten im Krieg.

Doch er war nicht das Opfer feindlicher Waffen. Er, der geübte Reiter, stürzte vom Pferd.

Er fiel in Gottes Hände. Das Tor der Ehrenburg öffnete sich für ihn.

Als Christine vom Tode Karls X. erfuhr, eilte, ja hetzte sie geradezu nach Schweden zurück, nicht um ihre Anteilnahme am Hinscheiden ihres treusten Freundes zu erweisen. Sie beabsichtigte, die Krone Schwedens, die sie achtlos weggeworfen hatte, wieder zu gewinnen.

Doch sie wurde nicht, wie sie erwartet hatte, mit Jubel empfangen, sondern sehr kühl aufgenommen und ersucht, die Abdankungsurkunde noch einmal zu unterzeichnen.

Karls X. Sohn führte, als er herangewachsen war, die Reformen seines Vaters fort, zog noch weitere von Christine der Krone entzogene Güter ein, verbesserte Heer, Flotte und Verwaltung und erreichte den Frieden mit Dänemark durch seine Heirat mit der Schwester des Dänenkönigs.

Die Könige »aus der Linie Kleeburg«, das Reich Schweden waren frei – frei von Christine.

Nachwort

Was Karl X. ahnend vorausgesehen und erhofft hatte, ging in Erfüllung. Sein Nachfolger hat, wie einst der Vater des großen Königs Gustav Adolf, dem Sohn durch kluges und tatkräftiges Handeln, durch Sparsamkeit, durch Einziehung der von Königin Christine wahllos an ihre Günstlinge verschleuderten Krongüter den Weg zu einem glanzvollen Siegeszug geebnet. Nicht ohne Grund hat König Gustav VI. Adolf der Schule zu Kleeburg das große Gemälde von Karl XII. »aus der Linie Kleeburg« gestiftet.

Noch heute gilt Karl XII. als »eine der größten Heldengestalten«, der sich zudem durch persönlichen Mut und Sittenstrenge auszeichnete.

Ein Geschichtsforscher schreibt: »Die Sympathie, die Schweden in Europa genießt, beruht zum großen Teil darauf, daß es unter Karl XII. seine unhaltbar gewordene Großmachtstellung so ehrenvoll verlor.«

Karl XII. war der letzte schwedische König aus der Linie Kleeburg, und es ist, als wenn bei ihm, der wie Gustav Adolf im Kampf fiel oder ermordet wurde, eine reine Flamme noch einmal hoch aufloderte und für immer erlosch.

Die »Linie Kleeburg« sitzt nicht mehr auf dem Thron Schwedens. Mögen die Namen dieser Könige im Buch des Lebens aufgezeichnet sein.